Tirso de Molina

La celosa de sí misma

Barcelona **2024**
Linkgua-ediciones.com

Créditos

Título original: La celosa de sí misma.

© 2024, Red ediciones S.L.

e-mail: info@Linkgua-ediciones.com

Diseño de cubierta: Michel Mallard.

ISBN rústica: 978-84-9816-506-7.
ISBN ebook: 978-84-9953-193-9.

Cualquier forma de reproducción, distribución, comunicación pública o transformación de esta obra solo puede ser realizada con la autorización de sus titulares, salvo excepción prevista por la ley. Diríjase a CEDRO (Centro Español de Derechos Reprográficos, www.cedro.org) si necesita fotocopiar o escanear algún fragmento de esta obra.

Sumario

Créditos _____ 4

Brevísima presentación _____ 7
   La vida _____ 7

Personajes _____ 8

Jornada primera _____ 9

Jornada segunda _____ 59

Jornada tercera _____ 103

Libros a la carta _____ 155

Brevísima presentación

La vida
Tirso de Molina (Madrid, 1583-Almazán, Soria, 1648). España. Se dice que era hijo bastardo del duque de Osuna, pero otros lo niegan. Se sabe poco de su vida hasta su ingreso como novicio en la Orden mercedaria, en 1600, y su profesión al año siguiente en Guadalajara. Parece que había escrito comedias y por entonces viajó por Galicia y Portugal. En 1614 sufrió su primer destierro de la corte por sus sátiras contra la nobleza. Dos años más tarde fue enviado a la Hispaniola (actual República Dominicana) y regresó en 1618. Su vocación artística y su actitud contraria a los cenáculos culteranos no facilitó sus relaciones con las autoridades. En 1625, el Concejo de Castilla lo amonestó por escribir comedias y le prohibió volver a hacerlo bajo amenaza de excomunión. Desde entonces solo escribió tres nuevas piezas y consagró el resto de su vida a las tareas de la orden.

La celosa de sí misma fue escrita por Tirso de Molina hacia 1621, cuando regresaba a Madrid tras una larga ausencia y se encontró con una ciudad modernizada. Esta es una de sus mejores comedias de intriga. A partir de los celos, Tirso desarrolla uno de sus más interesantes caracteres femeninos. El personaje con rotunda capacidad imaginativa y cierta herencia del Curioso impertinente se convierte en su propio rival por el amor de un galán que es deseado y rechazado a la vez.

Personajes

Doña Magdalena
Don Melchor
Doña Ángela
Don Alonso, viejo
Don Jerónimo
Don Sebastián
Don Luis
Ventura, lacayo
Quiñones, dueña
Santillana, escudero
Criados

Jornada primera

(Salen don Melchor y Ventura, de camino.)

Melchor   Bello lugar es Madrid.
¡Qué agradable confusión!

Ventura   No lo era menos León.

Melchor   ¿Cuándo?

Ventura   En los tiempos del Cid.
Ya todo lo nuevo aplace
a toda España se lleva
tras sí.

Melchor   Su buen gusto aprueba
quien de ella se satisface.
¡Bizarras casas!

Ventura   Retozan
los ojos del más galán;
que en Madrid, sin ser Jordán,
las mas viejas se remozan.
   Casa hay aquí, si se aliña
y el dinero la trabuca,
que anocheciendo caduca,
sale a la mañana niña.
   Pícaro entra aquí mas roto
que tostador de castañas,
que fiado en las hazañas
del dinero, su piloto,
   le muda la ropería
donde hijo pródigo vino

      en un conde palatino,
      tan presto que es tropelía.
       Dama hay aquí, si reparas
      en gracias del solimán,
      a quien en un hora dan
      sus salserillas diez caras.
       Como se vive de prisa
      no te has de espantar si vieres
      metamorfosear mujeres,
      casas y ropas.

Melchor   A misa
      vamos, y déjate de eso.
(Mirando al fondo.) ¡Brava calle!

Ventura   Es la Mayor
      donde se vende el amor
      a varas, medida y peso.

Melchor   Como yo nunca salí
      de León, lugar tan corto,
      quedo en este mar absorto.

Ventura   ¿Mar dices? Llámale así;
       que ese apellido le da
      quien se atreve a navegalle,
      y advierte que es esta calle
      la canal de Bahamá.
       Cada tienda es la Bermuda;
      cada mercader inglés
      pechelingue u holandés,
      que a todo bajel desnuda.
       Cada manto es un escollo.
      Dios te libre de que encalle

	la bolsa por esta calle.
Melchor	Anda, necio.
Ventura	Vienes pollo;

 y temo, aunque más presumas,
que te pelen ocasiones;
que aun gallos con espolones
salen sin cresta ni plumas.

Melchor   Si yo me vengo a casar
con sesenta mil ducados,
y soy pobre, ¿en qué cuidados
me ha de poner este mar?
 ¿Traigo yo muchos?

Ventura   Doscientos,
si no ducados, escudos,
que de malicias desnudos,
ignoran encantamentos.
 Librólos la corta hacienda
de señor, para tu costa,
y aquí correrán la posta
si no les tiras la rienda.
 ¿Piensas que sin ocasión
traen cordones los bolsillos?
Pues para poder regillos,
advierte que riendas son,
 que tira el considerado,
temeroso de chocar;
porque no hay mayor azar
que un bolsillo desbocado.

Melchor   Oigamos agora misa,

	que es fiesta, y déjate de eso
pues no soy yo tan sin seso
como tú.
Ventura	¡Cáusasme risa!
¿Qué va que antes que a tu suegro
—llamo así al que lo ha de ser—
veas, tienes de caer
en la red de un manto negro?
Melchor	Anda, que estás ya pesado.
¿Qué iglesia es ésta?
Ventura	Se llama
La Vitoria, y toda dama
de silla, coche y estrado,
la cursa.
Melchor	¡Bravas personas
entran!
Ventura	Todos son galanes,
espolines, gorgoranes,
y mazas de aquestas monas.
Melchor	Vamos, que es tarde y deseo
ya conocer a mi esposa;
que dicen que es muy hermosa.
Ventura	¿Cuándo has visto tú oro feo?
Con seiscientos mil ducados
de dote, ¿qué Elena en Grecia,
y en Italia qué Lucrecia
se la compara?

Melchor   Cuidados
diferentes han de darme
motivo de ser su esposo;
que aunque el dinero es hermoso,
yo no tengo de casarme,
 si no fuere con belleza
y virtud. Esto es notorio.

Ventura   Entra, que un fraile vitorio
allí el introíto empieza.

Melchor   ¡Oh Madrid, hermoso abismo
de hermosura y de valor!

Ventura   ¡Oh misa de cazador!
¿Quién te topara en guarismo?

(Vanse los dos. Salen don Jerónimo y don Sebastián.)

Jerónimo   Vivimos en una casa,
y así está puesta en razón
nuestra comunicación.

Sebastián   Como tan presto se pasa
 el tiempo en Madrid, no da
lugar aun de conocerse
los vecinos, ni poderse
hablar.

Jerónimo   Disculpado está
 nuestro descuido; que aquí
En una casa tal vez
suelen vivir ocho y diez

vecinos, como yo vi,
   y pasarse todo un año
sin hablarse, ni saber
unos de otros.

Sebastián   Yo fui ayer
—escuchad un cuento extraño—
   en busca de cierto amigo
aposentado en la plaza,
ésa que el aire embaraza,
de su soberbia testigo,
   usurpando a su elemento
el lugar con edificios,
de esta Babilonia indicios,
pues hurtan la esfera al viento.
   Pregunté en la tienda: «¿Aquí
vive don Juan de Bastida?».
Y dicen: «No vi en mi vida
tal hombre». Al cuarto subí
   primero, y con una boda
vi una sala que, entre fiestas,
de hombres, y damas compuestas
estaba ocupada toda.
   Pregunté por mi don Juan,
y díjome un gentilhombre:
«No hay ninguno de ese nombre
en cuantos en casa están.»
   Llegué al segundo, trasunto
del llanto y de la tristeza,
y de una enlutada pieza
vi cargar con un difunto.
   Al son de responso y llantos
que a dos viejas escuché,
por mi don Juan pregunté.

　　　　　　　　Respondióme uno entre tantos:
　　　　　　　　　«No sé que tal hombre viva
　　　　　　　　en esta casa, señor.»
　　　　　　　　Subí, huyendo del dolor
　　　　　　　　funesto, al de mas arriba,
　　　　　　　　　y hallé una mujer de parto,
　　　　　　　　dando gritos la parida,
　　　　　　　　y a don Juan de la Bastida
　　　　　　　　plácemes, que en aquel cuarto
　　　　　　　　　había un año que vivía
　　　　　　　　con hijos y con mujer;
　　　　　　　　de modo que llegué a ver
　　　　　　　　en una casa, en un día,
　　　　　　　　　bodas, entierros y partos,
　　　　　　　　llantos, risas, lutos, galas
　　　　　　　　en tres inmediatas salas,
　　　　　　　　y otros tres continuos cuartos,
　　　　　　　　　sin que unos de otros supiesen,
　　　　　　　　ni dentro una habitación,
　　　　　　　　les diese esta confusión
　　　　　　　　lugar que se conociesen.

Jerónimo　　　　　　Está una pared aquí
　　　　　　　　de la otra más distante,
　　　　　　　　que Valladolid de Gante.

Sebastián　　　　　Bien podéis decirlo así
　　　　　　　　　pero ¿con qué pretensiones
　　　　　　　　venís a nuestro Babel?

Jerónimo　　　　　　No más que vivir en él,
　　　　　　　　y gozar sus ocasiones.
　　　　　　　　　Tengo un padre perulero,
　　　　　　　　que de gobiernos cansado,

       treguas ofrece al cuidado,
y empleos a su dinero.
  Ciento y cincuenta mil pesos
trae aquí con que casar
una hija, en quien lograr
intereses y sucesos
    que en Indias le hicieron rico.
La mitad me cabe de ellos.

Sebastián   ¡Bello dinero!

Jerónimo
           Y más bellos
los gustos a que le aplico
    que es de Madrid la hermosura.

Sebastián   A todos tenéis acción.

Jerónimo   Esperamos de León
un deudo con quien procura
    casar mi padre a mi hermana,
que maridos cortesanos
son traviesos y livianos.

Sebastián   Elección cuerda y anciana.

Jerónimo   Y vos, ¿qué hacéis en la corte?

Sebastián   Un hábito he pretendido,
que ya medio conseguido,
temo que el plazo me acorte,
  por lo que me ha de pesar
el dejar esta grandeza;
que es común naturaleza
del mundo aqueste lugar.

	Hele habitado tres años;
	seis mil ducados de renta
	como, tomándome cuenta
	de toda amores y engaños.
	Tengo también una hermana,
	que por no hallarse sin mí,
	ha un año que asiste aquí.
Jerónimo	¿Y es su patria?
Sebastián	Sevillana,
	y en belleza y discreción
	Vénus del Andalucía.
	Y a no ser hermana mía
	y extraña en su presunción,
	os la pudiera alabar
	por Sol de la patria nuestra.
Jerónimo	Basta ser hermana vuestra.
Sebastián	Sí, pero es nunca acabar
	si os cuento en lo que se estima.
	De todos hace desprecio;
	el mas Salomón es necio
	si a pretenderla se anima;
	Tersites el más galán,
	Lázaro pobre el más Creso,
	y el más noble, hombre sin seso.
	No quiere venir de Adán,
	porque dice que no pudo
	progenitor suyo ser
	quien delante su mujer
	se atrevía a andar desnudo.

Jerónimo   ¡Humor singular, por Dios,
y digno por su camino
de estima!

Sebastián   Nuestro vecino
sois, y de una edad los dos.
  Como nos comuniquemos,
daréis a la admiración,
como a la risa, ocasión
de celebrar sus extremos.

Jerónimo   Yo y mi casa hemos de estar
desde hoy al servicio vuestro.

Sebastián   Con la voluntad que os muestro,
me habéis siempre de mandar.
  Pero ya de misa salen.
Pasad la lengua a los ojs,
si en hechiceros despojos
cuerdas resistencias valen
    contra vitoriosas llamas.

Jerónimo   Es esta iglesia una gloria
de belleza.

Sebastián   Y la Vitoria
la parroquia de las damas.

(Vanse los dos. Salen don Melchor y Ventura.)

Melchor   ¿No has oído misa tú?

Ventura   ¿Soy yo turco? Siendo hoy fiesta,
¿Sin misa había de quedarme?

Melchor   ¿Dónde la viste?

Ventura   A la puerta
de esta devota capilla
de la Soledad, y en ella
a un fraile, que esgrimidor,
juntó el pomo a la contera.
¡En qué santiamén la dijo!
¡Oh, quién hacerle pudiera
secretario de la cifra,
o capellan de estafetas!
Entraste tú hasta las gradas,
al olor de la belleza
de damas, tus gomecillos,
que como ciego te llevan;
mas yo que huyo de apreturas,
quedéme a la popa de ellas,
que es rancho de los Guzmanes
en naves, coches e iglesias.

Melchor   ¡Ay, Venturilla, cuál salgo!

Ventura   Saldrás con el alma llena
de devoción de esta imágen,
que enternece su tristeza.
Es de las mas celebradas
de la corte.

Melchor   ¡Ojalá fuera
divina mi devoción,
y la imágen causa de ella!
Devoto salgo, Ventura;
pero a lo humano. ¡Ay, qué bella

imagen vi! si es imagen
quien a sí se representa.
¡Ay si de la Soledad
esta hermosa imagen fuera,
y no de la compañía,
porque ninguna tuviera!

Ventura   ¡Al primer tapón zurrapas!
¡Perdido a la primer treta!
¡En tierra al primero golpe,
y al primer lance babera!
¿Mas que has visto alguna cara
margenada de guedejas,
que el solimán albañil
hizo blanca siendo negra;
manto soplón, con mas puntas
que grada de recoletas,
de aquella castaña erizo,
y archeros de aquella alteza,
que al descuido cuidadosa,
al viento de la veleta,
o abanico, te enseñaba
por brújula la cabeza?
Sería peli-azabache
la prohijada cabellera,
puesta, como defensivo
encima de la mollera;
toca y valona azulada,
banda que el pecho atraviesa,
vueltas y guantes de achiote,
guantes de pita, y firmeza,
escapulario y basquiña
de peñasco, a la frailega,
chapín con vira de plata,

	crugiendo a ropa de seda,
	la camándula en la mano.
Melchor	Ventura, palabras deja
	aplicadas a tu humor,
	y en esa mano te queda,
	que es la que he visto no más.
	¡Ay qué mano! ¡Qué belleza!
	¡Qué blancura! ¡Qué donaire!
	¡Qué hoyuelos! ¡Qué tez! ¡Qué venas!
	¡Ay qué dedos tan hermosos!
Ventura	¡Ay qué uñas aguileñas!
	¡Ay qué bello rapio, apis!
	¡Ay qué garras monederas!
	¡Ay qué tonto moscatel!
	¡Ay qué bobuna leonesa!
	Y ¡Ay qué bolsillo precito,
	si mi Dios no lo remedia!
	¿Que no la viste la cara?
Melchor	¿De qué suerte pude verla,
	si me embarazó los ojos
	aquella blancura tierna,
	aquel cristal animado,
	aquel...
Ventura	Di candor, si intentas
	jerigonzar critiquicios;
	di que brillaba en estrellas,
	que emulaba resplandores,
	que circulaba en esferas,
	que atesoraba diamantes,
	que bostezaba azucenas.

                    ¿De una mano te enamoras,
                    por el sebo portuguesa,
                    dulce por la virgen miel,
                    y amarga por las almendras,
                    sin un adarme de cara,
                    sin ver un ojo, una ceja,
                    un asomo de nariz,
                    una pestaña siquiera?
                    ¡Jesús, qué bisoñería!

Melchor   Necio, si probar deseas
                    mi cólera, di dislates.

Ventura   ¿Ya estás en la corredera?
                    Prosigue.

Melchor   Una mano hermosa,
                    blanca, poblada y perfeta,
                    que tiene acciones por almas
                    y tiene dedos por lenguas.
                    Hará enamorar un mármol;
                    y la que yo vi pudiera
                    menospreciar voluntades,
                    descorteses por exentas.
                    Cúpome, al oír la misa,
                    su lado; y cuando la empiezan,
                    quitó la funda al cristal,
                    y en la distancia pequeña
                    que hay desde el guante a la frente
                    vi jazmines, vi mosquetas,
                    vi alabastros, vi diamantes,
                    vi, al fin, nieve en fuego envuelta.
                    Tenía hasta el pecho el manto
                    y santiguóse cubierta.

Pudo ser de verme ansí
trasformado en su belleza.
Volvió en ocasos de ámbar
segunda vez a esconderla,
hasta que en pie al evangelio
amaneció aurora fresca.
Santiguóse al comenzarle,
y al darle fin encarcela
hasta el Sanctus, que desnuda
da aldabadas a la puerta
del pecho, llamando al alma,
que deseosa de verla,
debió penetrar cartones,
pues corazones penetra.
Duró esta vez el gozarla
sin la prisión avarienta,
hasta consumir el cáliz.
¡Ay Dios, si mil siglos fueran!
Volvió a ponérseme el Sol
hasta que acabando, empiezan
el evangelio postrero,
siendo también la postrera
liberalidad feliz
que hizo a mi vista, ciega
con la oscura privación
de su cándida pureza.

Ventura   A tragos te la sorbiste,
si no es que contigo juega
al escondite, esa mano,
¿Hay más de eso?

Melchor   Oye, y espera.
Estaba yo reduciendo

a los ojos mis potencias,
para que todas gozasen
la gloria de su belleza,
cuando vi junto a ella un hombre
que en el talle y la apariencia
pasaba plaza de honrado,
cortarle, con sutileza
ingeniosa, del cordón
un bolsillo. ¿Quién creyera
que de tal civilidad
fuera apoyo tal presencia?
Amábala yo, y así
corría ya por mi cuenta
el defender prendas suyas;
pero por no hacer la afrenta
pública del robador,
antes que el hurto escondiera
asiéndole de la mano,
le vituperé a la oreja
la acción de su talle indigna,
respondiendo su vergüenza
en la cara por escrito
lo que no pudo la lengua.
Quitéle en fin el bolsillo,
y atribuyendo a pobreza
lo que debió ser costumbre,
saqué de la faltriquera
un doblón, que por hallazgo
de tan estimada prenda
le di, con que en un instante
despejó misa a iglesia.
Cesó el no oído oficio,
que me holgara o que fuera
de pasión; desocupóse

                    la capilla, donde queda
                    rematando en el rosario
                    mi divina mano cuentas,
                    cuyo alcance han de pagar
                    desde este punto mis penas;
                    y salgo a aguardarla aquí;
                    deseando que amanezca
                    el alba de aquella mano,
                    cuando, cisne puro, vuelva
                    a bañarse en la agua santa
                    que en esta pila desean
                    mis esperanzas gozar,
                    después que no la ven, secas.

Ventura   ¡Válgate el diablo por mano!
                     La primera vez es ésta
                     que entró el amor por grosura.
                     Manotada te dió fiera.
                     Mas ven acá. Si esta mano
                     viene a ser, cuando la veas,
                     de algún rostro polifemo,
                     o alguna cara juaneta,
                     ¿Qué has de hacer?

Melchor   ¡Eres un tonto!
                     La sabia naturaleza
                     distribuyó proporciones
                     en sus fábricas discreta.
                     Mano de tal perfección
                     fuera culpable indecencia
                     que sirviese de instrumento
                     a cara menos perfeta.
                     Mandó Alejandro pintar
                     en una tabla pequeña

la corpulencia de Alcídes;
y por mostrar su grandeza
solamente pintó Apeles
el dedo pulgar, que intentan
medir gigantes a varas;
para que hiciesen la cuenta
qué tan grande sería el cuerpo
de quien en un dedo emplea
aritméticas medidas
y yo, de la suerte mesma,
conjeturo por la mano
qué tal será la belleza
del dueño de tal ministro.

Ventura   ¡Bueno! ¿Ejemplicos me alegas?
Pues allá va el mío, escucha:
una dama en la apariencia,
pasaba por una calle,
hollándola airosa y tiesa
más que un alcalde de corte,
enamoróse de verla
un galán, por las espaldas
porque el talle y gentileza
con que jugaba el chapín
y tremolaba la seda,
cuando manos, prometían
una española Belerma.
Adelantó susto y pasos,
y volviendo la cabeza,
vio un ángel de Monicongo
con una cara pantera.
Santiguóse el hombre, y dijo:
«¡Jesús! ¡Delante tan fiera
y tan hermosa detrás!»

                        Y respondióle la negra:
                        «Si parécele misor
                        espaldas que delantera,
                        y transera estar hermosa,
                        bese vuesancé transera.»
                        Enamórate de manos,
                        antes que tu dama veas,
                        y podrá ser cuando salga,
                        que lo mismo te suceda.

Melchor   Si vieras tú aquella mano
                        y aquel talle, no dijeras
                        blasfemias a su hermosura.

Ventura   A tu amor digo blasfemias.

Melchor   Ya sale; apártate, y mira
                        la hermosa mano que llega
                        a trasformar gotas de agua,
                        si no en diamantes, en perlas

(Salen doña Magdalena y Quiñones, cubiertas con manto, y la primera una
                        mano sin guante, como quien acaba de tomar agua
                        bendita.)

Quiñones   Estarán a la otra puerta
                        los escuderos y el coche.

(Don Melchor se acerca a doña Magdalena.)

Melchor   Deslutadle al Sol la noche,
                        dejad su luz descubierta,
                        pues no es bien cuando despierta
                        deseos en que me abraso,

señora, que al mismo paso
que la adoro, me atormente
y, apenas goce su oriente,
cuando me aflija su ocaso.
   Crepúsculos tiene el día,
como al nacer, al ponerse,
que ven antes de esconderse
los que adoran su alegría.
Sol hermoso, mano mía,
si al nacer me os habéis puesto
en el ocaso molesto
que mis esperanzas ciega,
Sol pareeeis de Noruega
pues os escondéis tan presto.
   Agua traéis. No me espanto
si Amor llamas multiplica
porque llover pronostica
el Sol, cuando abrasa tanto.
Basta que el avaro manto
sirva de nube sagrada
a esa gloria idolatrada.
   Descubríos, blanca aurora,
que dirán que sois traidora,
pues dais muerte, disfrazada.

Magdalena   Caballero, ni el lugar
esas lisonjas abona,
ni la que hablais es persona
que os las tiene de feriar.
Excusadlas de gastar,
o dad orden de lucirlas
a quien merezca admitirlas
o procure agradecerlas;
que ni yo sé responderlas

	ni tengo gusto de oírlas.

(A Quiñones.)

Ventura	¿Tiene vuesa dueñería la mano, cual su señora, culta, animada, esplendora, gaticinante y harpía? ¿Brillaréle la uñería cuando el caldo escudillice o la loza estropajice, exhalando cada vez las aromas que a las diez vierta, cuando bacinice? Desencarpine ese pie... Iba a decir esa mano.

(Quiñones le da una bofetada a Ventura.)

Quiñones	¡Jó, majadero!

Ventura	¡De llano bofetón! ¿Afrenta fue?

(A doña Magdalena.)

Melchor	Hoy a esta corte llegué, creyendo que amanecía; mas es tal la suerte mía, que, cuando más venturosa, el Sol de esa mano hermosa me anochece a mediodía.

Magdalena	Todo está bien ponderado.

Si a ganar habéis venido
nombre de bien entendido,
ya, hidalgo, le habéis ganado.
Preciáos de considerado,
como de discreto agora
y advertid que el sitio y hora
no es acomodado. Adiós.

Melchor   Será fuerza el ir tras vos,
si os partís así; señora.

Magdalena   Pues serálo si eso hacéis;
que el buen crédito perdáis
que cortesano ganáis,
y algún daño ocasionéis.

Melchor   No intento yo que me deis,
habiéndome acreditado,
nombre de necio y pesado,
sino de restaurador
de una prenda de valor
que os han del cordán cortado.
   Mirad lo que os falta de él;
cobraldo, y luego partíos,
puesto que mis desvaríos
os den nombre de cruel.

Magdalena   Un bolsillo estaba en él;
pero de poca importancia.

Melchor   No tiene el mundo ganancia
con la de éste, por ser vuestro.

(Aparte Ventura y su amo.)

Ventura	¡Cuerpo de Dios, que es el nuestro!
Melchor	Calla, necio.
Ventura	¡Que ignorancia!
Melchor	Un ladrón os le ha robado,
y yo os le he restituido.
En hallazgo de él, os pido
que al Sol quitéis el nublado.
Vea yo el cielo estrellado
que en ese manto se esconde;
que si al cristal corresponde
de la mano que encubrís,
a ser el fénix venís
que en Arabia al Sol responde.
Magdalena	No es ése el que yo traía.

(Hablan aparte Ventura y don Melchor.)

Ventura	Que es el nuestro.
Melchor	¡Vive el cielo!
Si no callas...

(A doña Magdalena.)

El recelo
turbar al ladrón podía.
Si por oficio tenía
quitar las prendas que os muestro,
y era en el hurtar tan diestro,

                    muchas como éstas tendrá,
                    y este bolsillo será
                    por derecho desde hoy vuestro.
                       Gozad su restitución,
                    si no es que por no pagar
                    el hallazgo, queréis dar
                    a mis quejas ocasión.

Magdalena   En daño suyo el ladrón,
                    o liberal o turbado,
                    a los dos nos ha engañado;
                    y si admitirle no quiero,
                    es porque ese viene entero,
                    y el que me hurtó va cortado.
                       La mitad de los cordones

(Muéstrale un pedazo de los cordones con que se cerraba el bolsillo que traía a la cinta.)

                    me dejó. Sacad por vellos
                    la distinción que hay en ellos,
                    y no malogréis razones.
                    Si atrevimientos ladrones
                    la causa de ese hurto han sido
                    y no hay señor conocido,
                    a la Merced le llevad,
                    o si no a la Trinidad,
                    que recogen lo perdido,
                       y dejadnos, porque hay ojos
                    que cuidadosos nos ven,
                    y no sé que os esté bien,
                    si dais motivos a enojos.

Melchor   Yo de robados despojos

	no he de ser depositario.
Ventura (Aparte.)	(¿Hay hombre más temerario?)
Melchor	Sedlo vos mientras parece
el dueño, si es que merece
tal favor su propietario.
Magdalena	Importunidad cansada
es la vuestra. Porque os vais,
y el paso no me impidáis,
he de hacer lo que os agrada.
Dádsele a aquesa criada...
Ventura (Aparte.)	(¡Qué escrupuloso desdén!)
Magdalena	Que en mí no parece bien
ni guardarlo, ni admitillo.
Ventura (Aparte.)	(Espiró nuestro bolsillo.
Requiescat in pace, amén.)
Magdalena	Y por si acaso volviere
su dueño por él, podréis
decir, si con él os veis,
que aquí mañana me espere.
Daréis pesar al que os viere
seguir donde voy; y así
por me hacer merced a mí
y por ser tan cortés vos,
mientras me ausento, los dos
no habéis de pasar de aquí.
Esto quiero suplicaros.

Melchor   Y yo quiero obedeceros,
sin esperanza de veros,
sin remedio de olvidaros.
En fin, ¿podré aquí aguardaros,
si traigo el dueño?

Magdalena   A las dos
volveré, sálo por vos,
que sois galán cortesano.

Melchor   Dadme una seña.

Magdalena   Esta mano.

(Quítase de una mano el guante.)

Melchor   ¡Ay aurora hermosa!

Magdalena   Adiós.

(Vanse doña Magdalena y Quiñones.)

Melchor   Venturilla, mi ventura
encarece. No seas recio,
ni me digas disparates;
que tú vendes por consejos.
Comprar por un poco de oro
los cinco climas del cielo,
la vía láctea nevada,
el Sol de hermosos reflejos,
¿no es lance digno de estima?
¿No es barato?

Ventura   Sí, y por eso

| | dicen: «Lo barato es caro».
| | Tú encarecerás el sebo
| | de cabrito antes de mucho,
| | pues solamente por verlo
| | doscientos ducados diste,
| | cuarenta por cada dedo;
| | y esto a ver, y no a tocar.
| | A fe, si viene a saberlo
| | Martin Danza, que él te hospede
| | en el nuncio de Toledo.
| | ¿Qué habemos de hacer agora,
| | sin la mano y sin dineros?
| | Medio día era por filo,
| | y ni hay blanca, ni comemos.

Melchor   Impertinente, ¿no sabes
             que me está aguardando un suegro
             con sesenta mil ducados?

Ventura   ¿Y si ése se hubiese muerto,
             acomodado la novia,
             o le parecieses feo,
             y te echase en hora mala,
             que es mujer, y puede hacerlo?

Melchor   ¿Feo yo?

Ventura   Pues siendo pobre,
             ¿hay Sacripante, hay Brunelo,
             hay tiburón, hay caimán
             más asqueroso y más fiero?
             ¿Hay sátiro como tú
             sin blanca?

Melchor	Pues según eso, para una mujer tan rica, ¿podía dejar de serlo por un bolsillo de escudos?
Ventura	No la olieras, por lo menos, a pelón o contagioso, que huye casamientos cuando huele mal la boca. Alcorzas la dan remedio que disimulan olfatos y las damas de este tiempo, que faldriqueras oliscan, si no exhalan el aliento dorado, vuelven el rostro, escupen y hacen un gesto. Con estos pocos de escudos remediaras tus defetos. Como guantes de polvillos, lo que duran, poco y bueno. Pero agora, yendo a vistas sin un real, por Dios, que temo que al instante que te mire, le has de oler a perro muerto.
Melchor	¿No tengo el bolsillo yo, que en ser suyo, es de mas precio que cuanto el Oriente cría?
Ventura	Al que se lleva me atengo. ¡Mas que no tiene seis cuartos!
Melchor	Hoy has dado en majadero.

Ventura	Si de manos te enamoras,
	seré mano de mortero.
Melchor	No había de codiciarle
	el ladrón, a no estar cierto
	de su valor, ni ponerse
	en tan evidente riesgo.
Ventura	¿Hay más que abrirle?
Melchor	Verásle.

(Saca un bolsillo lleno.)

Ventura	¡Oh, virgen del Buen Suceso!
	Dadnosle en esta ocasión,
	y otro de cera os ofrezco.
Melchor	Mira ¡qué proveído está!
Ventura	Déjame tomarle el peso.
Melchor	¿Qué te parece?
Ventura	Por Dios,
	que es en lo pesado un necio.
	Alma tiene de arcabuz.
	Abrámosle, que recelo
	que es barriga de opilada,
	y habrá tomado el acero.

(Saca don Melchor un envoltorio de papel dentro del cual hay una piedra.)

¿Qué es eso?

Melchor   Un papel preñado.

Ventura   No será virgen su dueño.
          Desenvuélvele.

Melchor   ¿Quién duda
          que alguna joya está dentro?
          Esto era lo que pesaba.

Ventura   Date prisa ya, sabremos
          si es hijo o hija.

Melchor   Hija fue.

Ventura   Y yo los dolores temo.

(Don Melchor le muestra la piedra.)

Melchor   Una piedra es verde oscura,
          atada a un listón.

Ventura   Enfermo
          de piedra estaba el bolsillo,
          y tú has sido su potrero.

Melchor   Oye, en este papel dice:
          «Esta piedra es por extremo
          buena para el mal de ijada.»

Ventura   Désele Dios a su dueño.
          ¿De la ijada, y no es atún?
          Enfermedad es de viejos
          y la tapada será

      en la edad censo perpetuo.
      De pedradas nos ha dado.
      ¿Queda más?

Melchor   Sí.

Ventura   Saca presto.

(Don Melchor saca lo que dice.)

Melchor   Éste es un dedal de plata.

Ventura   De dallo fue su embeleco.

Melchor   Éste es un devanador.

Ventura   Los tuyos son devaneos.

Melchor   Y es de ébano.

Ventura   De Eva, no;
    que Eva, en fin, andando en cueros,
    no te engañara tapada.
    ¿No te deshagas del trueco?

Melchor   Tres sortijas de azabache,
    y cuatro de vidrio.

Ventura   El precio
    se llevó, y tú la sortija.

Melchor   Reír me haces.

Ventura   ¿Hay más de eso?

Melchor   No hay otra cosa, Ventura.

Ventura   Tan mala se la dé el cielo,
                       como a las dos nos la ha dado.

Melchor   Yo por tan feliz la tengo,
                       que en estas prendas adoro,
                       por la mano en que estuvieron.
                       Que mañana vuelva aquí
                       me manda, y alegre espero
                       alguna ventura oculta,
                       influencia de su cielo.

Ventura   ¿Y crees tú que volverá?

Melchor   Pues ¿hay que dudar en eso,
                       habiéndolo prometido?

Ventura   ¿A volverte los doscientos?

Melchor   Si yo los admito, sí.

Ventura   De azotes se los prometo,
                       si ella hace tal necedad.

Melchor   ¡Qué pesado!

Ventura   ¡Qué ligero!

Melchor   Por señas, ¿no me mostró
                       la mano?

Ventura   El arañudero,

                    dirás mejor, de bolsillos.
                    Vamos a buscar el viejo,
                    que ha de ser nuestro socorro.

Melchor   Si a ver aquel ángel vuelvo,
                    no sé cómo he de poder
                    casarme.

Ventura   ¿Ángel, y de negro,
                    con uñas? Llámole diablo.

Melchor   Es Sol de nubes cubierto.

Ventura   Bien dices que es Sol... con uñas.

Melchor   Vamos; mas oye, ¿qué es eso?

(Salen don Luis y don Jerónimo.)

Luis   Os digo que es don Melchor.

Melchor   ¡Oh primo! ¿El primero encuentro
                    es con vos? Dichoso he sido.

Luis   Dos días ha que os espero,
                    pues conforme a vuestra carta,
                    si salisteis de León luego
                    que se escribió, desde ayer
                    tardáis.

Melchor   Atribuid al tiempo,
                    con tanta lluvia enfadoso
                    la culpa, y no a mis deseos,
                    que ya, amigo Don Luis,

	se han cumplido, pues os veo.
Luis	Hablad a vuestro cuñado. Mejor diré hermano vuestro; que como tal os aguarda.
Jerónimo	Yo os doy los brazos, contento de ver cuán bien corresponde a la fama que tenemos de vos, vuestra gallardía, puesto que con sentimiento de que os hayáis apeado, y no en mi casa.
Melchor	Ahora llego, y la poca certidumbre que en esta confusión tengo de sus calles y sus casas, me disculpa.
Jerónimo	Yo la aceto, y a ganar voy las albricias de mi hermana; que no quiero que improvisas turbaciones malogren gustos de veros; que os tiene muy deseado.
Melchor	Paga mi fe.
Jerónimo	Entreteneos con don Luis, entre tanto que aviso a mi padre y vuelvo; si no es que en su compañía, por apresurar deseos,

				queréis honrar nuestra casa.

(A don Luis.)

Melchor			Disponedlo al gusto vuestro.

Luis			Conmigo irá de aquí a un rato.

Jerónimo		Adiós pues.

(Vase don Jerónimo.)

Luis				¿Qué traéis de nuevo
			que contarme de León?

Melchor			Nada; todos quedan buenos,
			vuestros padres y los míos.
			y a vos, ¿cómo os va de pleitos?

Luis			Salí con mi mayorazgo.

Melchor			El parabién os ofrezco.

Luis			Venturilla, ¿cómo vienes?

Ventura			Enfadado de venteros,
			trotando por esos llanos,
			trepando por esos puertos,
			y ofreciendo a Bercebú
			a cierta mano de tejo
			que hemos engastado en oro.

(Aparte a Ventura.)

Melchor ¿Quieres callar, majadero?

Luis ¿Venís muy enamorado?

Melchor No sé lo que os diga en eso
lo que sobra por oídas
y lo que basta hasta verlo.
No sé yo porqué al Amor
le llaman y pintan ciego,
pues lo que no ve, no estima.

Luis ¡Ay! ¡Qué de mal me habéis hecho!

Melchor ¡Yo! ¿Cómo, o porqué?

Luis   Mejor
es reprimir pensamientos,
y desahuciar esperanzas
que enemistaran con celos.
Vos sois pobre; vuestra dama
tiene sesenta mil pesos,
que ensayados son escudos;
yo soy rico, y vuestro deudo.
No he de competir con vos.

Melchor Don Luis, si sois discreto,
¿por qué me habláis con preñeces?

Luis Ya no lo son, si lo fueron.
Doña Magdalena hermosa
os espera como a dueño
de su hacienda y libertad,
con amor libre y honesto.
Idolatrara yo en ella,

	a no estar vos de por medio,

                      a no estar vos de por medio,
                      y pretendiera imposibles.
                      por vos, que amor crece entre ellos.
                      Vámosla a ver. No hagáis caso
                      de fábricas que en el viento
                      desvaneció vuestra vista,
                      digna de tan noble empleo.
                      Ella os ama; yo la adoro;
                      mas sacaréla del pecho,
                      aunque me cueste la vida,
                      con la ausencia o con el tiempo.

Melchor   Primo, puesto que a casarme
                      de Leon a Madrid vengo,
                      no es de suerte enamorado
                      al interés que pretendo
                      que no sea lince mi honor,
                      con que velando penetro
                      dificultades que esconden
                      vuestros confusos misterios.
                      Si queréis y sois querido,
                      proseguid, que yo os prometo
                      que su oro no sea bastante
                      a dorar de amor los hierros.
                      Declaraos, si sois amigo.

Luis   ¿Qué hay que declarar? Yo quiero
                      a quien por dueño os aguarda;
                      pero no hagáis argumento
                      de lo que os digo, ni agravio
                      del mínimo pensamiento
                      de vuestra dama o esposa;
                      porque, por la luz del cielo,
                      que hasta agora en mí no ha visto

una centella del fuego
que me abrasa; ni en virtud
tiene España tal ejemplo.
Fuila a ver de vuestra parte,
las vuestras encareciendo;
y amor, que es potencia todo,
rindióse viendo su objeto.
Pero amor en los principios
es niño, y múdase presto.
Yo me ausentaré esta tarde,
por aguardarme en Toledo
amigos y ocupaciones.
Asegurad, primo, miedos;
que no es bien perdáis por mí
tal belleza y tal provecho.

Melchor   No le tengo yo por tal
si ha de ser en daño vuestro;
ni es mi voluntad tan libre
que no haya los ojos puesto
en prendas merecedoras
de señorear deseos,
que tibios, por no empleados,
sabrán deshacer conciertos.
Ni yo a quien amáis he visto,
ni en viéndola me prometo
tanto, que pueda mudar
las memorias que conservo.
¿Qué sé yo si agradaré
a esa dama, que habrá hecho
ausente retratos míos
allá en el entendimiento,
y por no corresponder
el original con ellos,

	me aborrezca, pues no iguala la verdad a los deseos? Primo, no habéis de ausentaros.
Luis	Vámosla a ver, que ya es tiempo. Plegue a Dios que no os agrade.
Melchor (Aparte.)	(¡Ay mano! ¡Ay cristal! ¡Ay cielo! Con una mano en los ojos, ¿qué he de ver estando ciego?)
Ventura (Aparte.)	(Mano, vive Dios, de Judas, pues lleva bolsa y dineros.)

(Vanse todos. Sale doña Magdalena, vistiéndose otro traje, y Quiñones.)

Magdalena	¿Que don Melchor ha venido?
Quiñones	Si no te engaña tu hermano, ya llega a darte la mano.

Magdalena	Iguálame ese vestido;
	  que con el otro que dejo,
	los pensamientos desnudo
	que aquel extranjero pudo
	engendrar. Dame ese espejo.
	  Ponme esa valona bien.
	¿Está bueno este cabello?

Quiñones	Tal, que estando Amor cabe ello, rendirá a cuantos le ven.
Magdalena	¡Ay, Quiñones, y qué susto me causa aquesta venida!

                    Tenía yo divertida
                    el alma, y no sé si el gusto,
                       con la memoria apacible
                    del forastero galán.
                    ¡Y antes de verle me dan
                    Esposo! ¡Caso terrible!
                       ¡Que tenga tanto poder
                    la obediencia y el honor!

Quiñones   Dilata mas el color
                    de ese carrillo.

Magdalena   Sin ver,
                       ¿he de amar a quien aguarda?
                    Quiñones, ¿no es caso fiero?

Quiñones   Galán era el forastero.

Magdalena   Y sobre galán, gallardo.
                       ¡Ay! ¡Quien pudiera eompralle,
                    ya que mis penas escuchas,
                    una de las partes muchas
                    que tiene: la gracia, el talle
                       con que hacer a don Melchor
                    como él...! Si no tan perfeto
                    Tan amante o tan discreto.

Quiñones   Podrá ser que sea mejor.

Magdalena   ¿Cómo será eso posible?
                    ¡Tan cortés urbanidad!
                    ¡Tanta liberalidad!
                    ¡Y sazón tan apacible!
                       No era digna de ella yo.

48

        Roguéle no me siguiese,
ni donde vivo supiese;
y obediente, se quedó
   inmóbil en aquel puesto,
si, como ya lo advertiste,
entre confiado y triste,
solo a agradarme dispuesto.
   Luego ¿tu piensas que ignoro
que no fue él el robador
del usurpado favor,
que me restituyó en oro?

Quiñones   Para mí no hay dudar de eso.

Magdalena   Pues de tanta eficacia es
conmigo, no el interés,
la accion sí, que te confieso
   que hechizo para mí ha sido.

Quiñones   Es grande hechicero el dar.
Inmenso y rico es el mar,
y recibe agradecido
   el tributo sucesivo
del arroyuelo menor;
que en los estudios de amor
solo hay libros de recibo.
   Pero ¿de qué sirve ya
hacer de él memoria en vano,
si para darte la mano
tu esposo a la puerta está?

Magdalena   De que salga regalado
del alma y memoria mía;
que al huésped es cortesía

    el despedirle obligado.
    Mas los vecinos de arriba
    pienso que me entran a ver.

(Salen doña Ángela y don Sebastián.)

Sebastián   La vecindad suele ser,
    cuando en la igualdad estriba
     que conserva la amistad
    si es que la vuestra merezco,
    un grado de parentesco,
    señora, de afinidad.
     Hémosla ya profesado
    vuestro hermano y yo; y así
    a doña Ángela pedí
    que aumentase aqueste grado
     entrándoos a visitar,
    y a dárseos por servidora.

Magdalena   Casa en que tal dueño mora,
    es muy digna de estimar,
     y más el ofrecimiento
    con que esta merced me hacéis,
    cuando en mí, señora, veis
    tan corto merecimiento.
     Mas con tan noble vecina
    seré dichosa desde hoy.

Ángela   Vuestra servidora soy,
    y fuera vuestra madrina
     ya que bodas esperáis,
    si hallara desocupada
    aquesta plaza.

Magdalena   Obligada,
quiero que merced me hagáis;
que hasta aquí no os he servido
para suplicaros eso.
Que estoy turbada confieso.

Ángela   ¿A quién no turba un marido?

Magdalena   Y más quien cual yo le aguarda,
y el talle que tiene ignora.

Sebastián   El honor no se enamora;
que solas las leyes guarda
  de la opinión, y hasta en esto
mostráis vuestra discreción.

Ángela   Por excusar la ocasión
en que ese susto os ha puesto,
  el matrimonio rehuso.

Magdalena   Cruel es vuestra hermosura.

Ángela   ¡Jesús! Delante de un cura,
por más que el cielo dispuso
  que se desposen así,
y tanta gente, ¿ha de haber
tan atrevida mujer,
que le diga a un hombre «sí»?

Sebastián   Pues ¿qué escrúpulo hay en eso?

Ángela   ¡Jesús! Quien hace tal cosa,
o es muy libre y animosa,
o no tiene mucho seso.

(Salen don Alonso, don Jerónimo, don Luis, don Melchor y Ventura.)

Alonso   Atribuye a tu ventura,
  como a mi buena elección,
  hija, el que en esta ocasión
  corresponda a tu hermosura,
    el noble merecimiento
    del dueño que te escogí.
    Vesle, Magdalena, aquí.
    No pudo tu pensamiento,
      por más que encarecedor
      galán te le haya pintado,
      ser más que un tosco traslado
      del talle de don Melchor.
    Haz cuenta que en él abrazas
    de don Juan la imagen propia;
    que yo viéndole en su copia,
    miéntras tú su cuello enlazas,
      mostraré mi regocijo,
      renovando en esta edad
      la juvenil amistad
      del noble padre, en su hijo.
    No quiero yo más hacienda
    que la heredada virtud
    que miro en su juventud.
    El padre avariento venda
      al oro la libertad
      de sus hijas; que el valor
      de tu esposo don Melchor,
      y la ley de mi amistad,
        juzga por más oportuna
        la sangre que la riqueza,
        cuanto la naturaleza

se aventaja a la fortuna.
Dale la mano.

(Hablan aparte doña Magdalena con Quiñones, y don Melchor con Ventura.)

Magdalena ¡Ay Quiñones,
éste! ¿no es el forastero
que fue usurpador primero
de mis imaginaciones?

Quiñones Sí, señora. En la Vitoria
éste fue quien la alcanzó
de ti. ¿Qué dicha llegó
a la tuya?

Melchor La memoria
de aquella mano, Ventura,
como quien ve por antojos,
tiene ocupados mis ojos.
¡Fea mujer!

Ventura ¿Qué hermosura
se igualará a la presente?
Pero dejando la cara,
en la candidez repara
de aquella mano esplendente,
que es la misma, vive Dios,
que melindrizó el bolsillo.

Melchor Anda, borracho; aun decillo
es blasfemia.

Ventura No estóis vos,

	señor, con juicio cabal.
Melchor	Ésta es asco, es un carbón. Es en su comparación el yeso junto al cristal. A sus divinos despojos no hay igualdad.
Ventura	Yo la vi, cuando me llevó tras sí con el bolsillo los ojos, y juro a Dios que es la propia.
Melchor	Enviaréte noramala, si no callas, necio. Iguala la Scitia con la Etiopía. La mano que a mí me ha muerto, de una vuelta se adornaba de red...
Ventura (Aparte.)	(Bolsillos pescaba.)
Melchor	...y ésta trae el puño abierto.
Ventura	No estaba el otro cerrado para agarrar los doscientos. Llégala a hablar.
Magdalena (Aparte.)	(Pensamientos, ¿qué piélago os ha engolfado e contrarias suspensiones?)
Alonso	Don Melchor, ¿cómo no habláis a vuestra esposa?

Melchor   Agraviáis
las cuerdas ponderaciones
   que en esta belleza admiro,
si limitáis su silencio.
Callo, adoro, reverencio
y hablo más cuanto más miro.
   Perdonad, señora mía,
a la lengua, si a los ojos,
para gozar los despojos
de ese Sol que luz me envía,
   se pasa; que si es verdad,
que Amor al esposo obliga
que lo primero que diga
sea alguna necedad,
   yo juzgo por caso recio
la primer vez que os adoro
entrar contra mi decoro,
por los umbrales de necio.

Magdalena   Estáis tan acreditado
conmigo ya, que si fuera
posible que en vos cupiera
esa ley de desposado,
   juzgara por discreción
cualquier desacierto vuestro.

Ventura   Cada cual se dé por diestro.
Buena está la introducción,
   y vuesa merced me tenga
cuando me vaya a caer;
que habemos los dos de ser
un par hasta que otro venga.

Sebastián   Entre tanto parabién
los de un vecino admitid,
de quien podréis en Madrid
serviros siempre, y también
    los de mi hermana que agora
añade a su vecindad
nuevos grados de amistad.

Jerónimo   Doña Ángela, mi señora,
    y el señor don Sebastián,
posan los cuartos de arriba,
y en su noble sangre estriba
la voluntad con que os dan
    parabienes, que merecen
mucho.

(A don Jerónimo.)

Melchor   Salid vos por mí
fiador, pagaréis así
los favores que me ofrecen;
    Que como recién venido,
caer en mil faltas temo.

Ángela (Aparte.)   (El leonés es por extremo,
como no oliera a marido.)

Alonso   Esta noche habéis de ser
mis convidados los dos.

Sebastián   Basta mandárnoslo vos.

Ventura (Aparte.)   (Eso sí; haya que comer.)

(Aparte a don Melchor.)

Alonso Ya estáis, hijo, en vuestra casa.
Desposado saldréis de ella.

(Aparte don Luis y don Melchor.)

Luis ¿Haos parecido muy bella
la novia? ¿Mas que os abrasa?
¿Mas que ya habéis olvidado
aquella mano homicida?

Melchor Quien bien ama, tarde olvida;
que estoy más enamorado
por ella, amigo, os advierto.

Luis ¿Pues no es la de vuestra esposa,
para mano, tan airosa,
y tan bella?

Melchor No por cierto.

(Hablan aparte doña Magdalena y Quiñones.)

Quiñones ¿Hay suerte como la tuya?
¡Que el primer hombre que vinieres
Sea tu esposo! ¡Dichosa eres!

Magdalena No sé de eso lo que arguya.
Pensamientos solicitan
guerra, en mi pecho, cruel,
y si unos vuelven por él,
otros le desacreditan.

Jerónimo (Aparte.)   (Temo que nuestra vecina,
 según lo que en mi alma pasa,
 por dueño se quede en casa.)

Luis (Aparte.)   (¡Ay Magdalena divina!
 Ya te lloro enajenada.)

Quiñones   ¿Cómo te llamas?

Ventura   Ventura.

Quiñones   Buen nombre y mala figura.

Ventura   Soylo, mas no descartada.

(Don Sebastián habla aparte con su hermana, doña Ángela.)

Sebastián   ¿Qué, hermana, te ha parecido
 del leonés forastero?

Ángela   Gallardo para soltero,
 pesado para marido.

Melchor (Aparte.)   (¡Ay! Mano hermosa, cumplid
 palabras y juramentos.)

Ventura (Aparte.)   (¡Ay, mis escudos doscientos,
 espirasteis en Madrid!)

Fin de la primera jornada

Jornada segunda

(Salen doña Magdalena, de luto bizarro, y Quiñones.)

Magdalena   ¿Qué sacas de encarecer
la dicha que he conseguido
en que esposa venga a ser
del primero que he querido,
y que llegue a merecer
  las partes que en don Melchor
rindieron mi voluntad
su gentileza, valor,
talle, liberalidad,
discreción, gracia y amor?
  Pues todas ésas, Quiñones,
si fueron ponderaciones
primero de mi afición,
ya de mis recelos son
sospechosas ocasiones.

Quiñones   No me espanto. Todo aquello
Que está en ajeno poder,
tiene el gusto por más bello,
y el valor suele perder,
en llegando a poseello.
  Juzgaste ayer a tu esposo
por prenda ajena; y así
te pareció más hermoso.
Viene a ser tu dueño aquí,
y júzgasle ya enfadoso.
  Efímera es tu afición:
toda ayer ponderación
y hoy desdén toda y mudanza.
¿Quién vio morir la esperanza

antes de la posesión?
¿Es posible que tan presto
aborreces lo que amabas?
No en balde luto te has puesto
por los deseos que acabas
de enterrar.

Magdalena   No estás en esto
de amar, Quiñones, tan diestra,
que los peligros rehúses
que el yugo conyugal muestra.
Y así no es mucho que acuses
mi amor, si no eres maestra.
    De suerte a don Melchor quiero
después que a esta casa vino,
que si me agradó primero,
mi amor es ya desatino,
pues sin él, morir espero.
    Mas, ¿con qué seguridad
rendiré mi voluntad
a quien, con tan fácil fe,
la primer mujer que ve
triunfa de su voluntad?
    Hombre que a darme la mano
viene aquí desde León
y es tan mudable y liviano
que a la primera ocasión,
liberal y cortesano,
    a un manto rinde despojos
y a una mano el alma ofrece.
¿No quieres que me dé enojos
quien así se desvanece?
Y sin penetrar sus ojos
    lo que, por no ver, ignora,

   se suspende y enamora,
   exagera, sutiliza,
   y palabras autoriza,
   pues con escudos las dora.
    ¿Qué satisfacción dará
   a quien por dueño le espera?
   ¿O quién me asegurará
   de voluntad tan ligera,
   que, desposado, no hará
    lo mismo con cuantas mire,
   y yo con él mal casada,
   quejas al alma retire,
   llore mi hacienda gastada,
   y sus mudanzas suspire?

Quiñones   ¡Pues siendo tú quien despierta
   su voluntad, y encubierta
   diste causa a sus desvelos!,
   ¿de quién puedes formar celos?

Magdalena   De mí misma. Y está cierta
    que si le amé forastero,
   doméstico y dueño ya,
   dudo, al paso que le quiero.

Quiñones   Pues bien, ¿qué remedio da
   tu amor?

Magdalena   Cumplir lo primero
    mi palabra en la Vitoria,
   y ver si en ella me aguarda.

Quiñones   No tendrá de ti memoria;
   que tu presencia gallarda,

>   siendo a sus ojos notoria,
>   borrará la primer copia
>   que vio tapada e impropia,
>   pues se enamoró en bosquejo,
>   y mudando de consejo,
>   te olvidará por ti propia.

Magdalena   Eso, pues, quiero probar.

Quiñones   Pues ¿para qué te vestiste
de luto?

Magdalena   Para mostrar,
en señal de que estoy triste,
la color de mi pesar.
   Todos estos son ardides
de mi amor.

Quiñones   ¿No puedo yo
saberlos?

Magdalena   Si los impides,
dándome consejos, no;
mas sí, si a mi amor te mides.

Quiñones   ¿Pues agora dudas de eso?

Magdalena   Que estoy loca, te confieso.
Pongan el coche.

Quiñones   Ya está
a la puerta.

Magdalena   Importará

    para el fin de este suceso,
      ya que en este tema doy,
    que a casa de doña Juana,
    a quien el pésame voy
    a dar de su muerta hermana,
    mientras que con ella estoy,
      hagas llevarme una silla
    y un escudero alquilados.

Quiñones	Hartos hay en esta villa.
Magdalena	Después sabrás mis cuidados.
Quiñones	¿Y agora no?

Magdalena	Maravilla
	   fuera, siendo tú mujer,
	no morirte por saber.
	Amor, que en todo es astuto,
	me ha vestido de este luto,
	porque si me llega a ver
	   hablando con don Melchor
	mi hermano o padre, no entienda
	por el vestido mi amor
	secreto, y con él se ofenda.

Quiñones	¡Lo que previne el temor!
Magdalena	Por lo mismo iré también en silla desconocida.
Quiñones	Todo lo dispones bien.
Magdalena	Ténmela allí apercebida,

	y tus albricias prevén
	si don Melchor no me espera
	donde ayer me prometió.
Quiñones	Dios lo haga de esa manera.
Magdalena	No soy tan dichosa yo.
Quiñones	Tú has dado en gentil quimera.

(Vanse las dos. Salen don Melchor y Ventura.)

Ventura   ¿Es posible que haya amor,
que la hermosura divina
de tal dama menosprecie
por una mujer enigma,
por una mano aruñante,
que con blancura postiza,
a pura muda y salvado,
sus mudanzas pronostica?
¿Sin haberla visto un ojo,
sin saber si es vieja o niña,
nari-judaizante o chata,
desdentada o boquichica?
¡Que en cáscara te enamores!
¡Que bien del espejo digas,
sin ver no más que la tapa!
¡De una dama en alcancía!
¡De la tumba por el paño!
¡De la toca por la lista!
¡Del pastelón por la hojaldre!
¡De la sota por la pinta!
¡De la espada por la vaina!

Melchor	Ea, ensarta boberías, eslabona disparates, y frialdades bufoniza; que yo he de esperarla aquí.
Ventura	Y de veras, ¿imaginas que ha de tornar la bolsona?
Melchor	Tú verás presto cumplida la palabra que me dio.
Ventura	Como oliscara la ninfa otro bolsillo preñado de doradas gollorías, sí hiciera... ¿Mas no te agrada doña Magdalena?
Melchor	Es... fría. No me la nombres, Ventura, que tengo el alma rendida a la gallarda encubierta; y si a la mano divina la hermosura corresponde del rostro, como adivina el alma que nunca miente, mi dichosa suerte estima.
Ventura	Y si fuese, como creo, en lugar de Raquel, Lía, con el un ojo estrellado, y con el otro en tortilla, los labios de azul turquí, cubriendo dientes de alquimia, jalbegado el frontispicio

                a fuer de pastelería,
                y como universidad
                rotuladas las mejillas,
                ¿qué has de hacer?

Melchor   Cuando eso,
                que supongo que es mentira,
                volveréme a Magdalena,
                que si no es hermosa, es rica.

Ventura   No es tan rica como hermosa.
                Mas asentemos que imita
                en belleza al Sol de enero
                la buscona que te hechiza.
                ¿Si es pobre...?

Melchor   Eso no lo creas.

Ventura   ¿Y si lo fuese por dicha?

Melchor   Llevarémela a León,
                y con ella en quieta vida,
                al yugo de amor atado,
                daré dueño a mi familia,
                señora a mi herencia corta,
                y a mi padre nuera e hija.

Ventura   ¡Buena vejez le acomodas!
                Mas si no fuese tan limpia
                como tu sangre merece,
                envidiada por antigua,
                o ya que fuese tan noble
                como el árbol de Garnica,
                si es doncella despalmada,

              como nave que inverniza,
              ¿qué has de hacer?

Melchor   Tendrán respuesta
              todas tus bachillerías
              en viéndola.

Ventura   ¿Cómo sabes
              que es su cara a letra vista?
              Plegue a Dios que nunca vuelva,
              y si vuelve y es pandilla,
              que la tripules, y te abra
              los ojos santa Lucía.
              Mas don Luis sale aquí
              con una enlutada o viuda,
              tapada como la nuestra.

Melchor   Donde hay cebo, todos pican.

(Salen doña Magdalena y don Luis.)

Luis   Mal haya quién inventó
              los mantos, señora mía,
              que en España solamente
              de tantos gustos nos privan!
              ¡Tal presencia viene sola,
              baldada de madre o tía!
              Por Dios, hermosa enlutada,
              que lo he tenido por dicha.
              Enseñadme solo un ojo,
              y jugaré con su niña,
              que a la puerta de la iglesia,
              bien es que limosna os pida.

Magdalena	Dios me dé, señor, qué daros. A aquel hidalgo querría hablar.
Luis	¿A cuál?
Magdalena	Al que está al lado de aquella pila.
Luis	Ése es mi amigo y pariente.
Magdalena	Si lo es vuestra cortesía de la que en él reconozco, dadme lugar que le diga cuatro palabras no más.
Luis	Si sois la que él imagina, y sus bodas desazona, pedidme, señora, albricias.
Magdalena	Pidoos pues que despejéis este lugar.

(Llegando don Luis a don Melchor.)

Luis	Si peligra, cual dicen, el que anda entre la cruz y el agua bendita, primo, entre una y otra estáis. Aquella dama que os mira, os quiere hablar. Id con tiento, que debe ser homicida, pues en fe de lo que mata, huyendo de la justicia

| | anda a sombra de tejados
si el manto los significa. |
|---|---|
| Melchor | ¿Que me quiere hablar, decís? |
| Luis | Esto me manda que os diga. |
| Melchor | ¡Ay, Ventura, que es mi dama! |
| Ventura | Viene de réquiem vestida.
Otra ganga debe ser;
que hay en Madrid infinitas,
y huelen un forastero
de una legua. |
| Melchor | Ésta es la misma
que vi ayer; su talle y cuerpo
me la retratan y pintan.
Primo, adiós. |

(Volviendo a doña Magdalena.)

| Luis | Ya llega a veros.
Sed con él agradecida.
Hechizádmele, señora;
que me va el alma y la vida
en que aborrezca una prenda
que mis gustos tiraniza. |
|---|---|

(Vase don Luis.)

Melchor	¿Soy yo, señora, el llamado?
Ventura	¿Sois vos, decid, la escogida?

Melchor	Ventura, apártate allá.
Ventura	Sé sumiller de cortina, descubre aquesa apariencia, tocarán las chirimías; que en las tramoyas pareces poeta de Andalucía.

(A don Melchor.)

Magdalena	¿Conocéis aquesta mano?
Melchor	¡Ay aurora! ¡Ay Sol! ¡Ay día!
Ventura (Aparte.)	(El cantar del ay, ay, ay, se nos ha vuelto a Castilla.)
Magdalena	Vengo a cumplir mi palabra.
Melchor	Si fuésedes tan cumplida en favores, como en ellas, viera yo el Sol que me eclipsa la nube de aquese manto.
Magdalena	También a venir me obliga la hacienda que usurpo, ajena, pues es justo restituirla.
Melchor	Si lo decís por un alma, que desde ayer fugitiva en su casa le echan menos, yo la doy por bien perdida.

Magdalena	¿Es vuestra?
Melchor	Sí, mi señora.
Magdalena	¡Qué traviesa es! ¡Qué atrevida! No me ha dejado dormir toda esta noche. Registra curiosa cuantas potencias pensamientos ejercitan; no siendo huéspeda, se hace mandona en mi casa misma. Prométoos que a no venir esta mañana una amiga por ella, que es su señora, me diera muy triste vida.
Melchor	¡Señora suya, y no vos! ¿Quién os dijo tal mentira?
Magdalena	Una doña Magdalena, noble, cuerda, hermosa y rica. Tenedme por tan curiosa, desde ayer a medio día, que hice en vuestra información diligencias exquisitas. Sé que venís a casaros con el fénix de las Indias, que vuestro amor pesa a pesos y en vos esperanzas libra. Sé que os llamáis don Melchor, que os ilustra sangre limpia, que sois pobre y caballero, y que hoy han de estar escritas vuestras bodas y conciertos

mirad ¡cuán necia es quien fía
en palabras forasteras,
falsas, si ponderativas!
Si como os mostré una mano
ayer, menos advertida
os permitiera cebar
en mi rostro vuestra vista,
¡qué burlada que quedara,
siendo después conocida,
y ocasionando en mi ofensa
pesados motes y risas!
¡Bien haya quien hizo mantos!

Melchor ¡Mal haya quien no se olvida,
por la sal de aquesa lengua,
de cuantas bellezas mira!
Verdadera información
habéis hecho, y tan cumplida
como la fe con que os amo;
mas creed, tapada mía,
que obligado a diligencias
tan amorosas y dignas
de la eterna estimación;
si como el alma imagina,
sois hermosa, que sí sois,
pues por más que el manto impida
milagros que reverencio,
es mi amor lince en la vista,
ni el oro, ni la belleza,
ni imposibles de la envidia,
tienen de ser poderosos
a que no os adore y sirva.
A vuestra competidora
vi ayer. Vuestro amor permita

　　　　　　　　que aqueste nombre la dé,
　　　　　　　　y si no el de mi enemiga,
　　　　　　　　Y pudo tanto el cristal
　　　　　　　　de aquesa mano divina,
　　　　　　　　que elevado en su memoria,
　　　　　　　　me pareció... No es bien diga
　　　　　　　　de mujer, y más ausente,
　　　　　　　　faltas que la cortesía
　　　　　　　　de que siempre me he preciado,
　　　　　　　　con razón desautorizan.
　　　　　　　　Parecióme, en fin, ni hermosa
　　　　　　　　ni digna de que compita
　　　　　　　　con vos, ni mi amor querrá
　　　　　　　　que la libertad la rinda.
　　　　　　　　Ésta es vuestra, y es razón
　　　　　　　　que conozca la cautiva
　　　　　　　　la cara de su señora.
　　　　　　　　Mi amor aquesto os suplica.
　　　　　　　　Baste ya tanto recato.

Magdalena　　　　Casi estaba persuadida
　　　　　　　　a agradaros... Pero no,
　　　　　　　　que vuestro deseo me pinta
　　　　　　　　más bella de lo que soy,
　　　　　　　　y temo perder la estima
　　　　　　　　en que estoy imaginada,
　　　　　　　　cuando no la iguale, vista.
　　　　　　　　Aunque no quiero tampoco
　　　　　　　　desacreditar la dicha
　　　　　　　　que en vuestro amor intereso
　　　　　　　　si por no verme se entibia.
　　　　　　　　Yo os juro a fe de quien soy,
　　　　　　　　si es licito que se siga
　　　　　　　　la pública voz y fama

                que tengo de aquesta villa,
                que no es doña Magdalena
                ni más bella, ni más rica,
                ni más moza, ni más sabia,
                ni más noble, ni más digna
                de serviros y estimaros
                que yo; y aunque coronista
                de mis mismas alabanzas,
                en competencias se admitan,
                si no créis estas verdades.

Melchor   Por la luz, pura y divina
                que amante adoro y no veo,
                que os juzgo por maravilla
                de la belleza, y que os hace
                la comparación traída
                agravio en mi estimación
                como la noche hace al día.

Magdalena   Haced una cosa pues.
                Los conciertos se despidan
                de esa doña Magdalena
                que mi quietud martiriza.
                No viváis más en su casa,
                y llevándoos yo a la mía,
                averiguaréis verdades
                que el temor desacredita.

Melchor   Que me place dos mil veces.
                Y porque vais persuadida
                del poco amor que la tengo,
                sabed que aquel que venía
                con vos, y de vuestra parte
                me llamó, es mi sangre misma,

	y la que aborrezco adora.
Magdalena	Ya lo sé.
Melchor	Haré que la pida
a su padre, y yo cediendo
la acción que tengo a su dicha,
serviré de intercesor,
sin dudar que la consigan
tres mil ducados de renta
que a don Luis acreditan,
y el ser su deudo también.

(Sale Santillana y habla a doña Magdalena.)

Santillana	Acabado se han las misas, y ya la iglesia está sola.
Magdalena	No traigo yo tanta prisa. Aguardaos un poco allá.
Santillana (Aparte.)	(¡Qué señora tan prolija!)

(Ventura habla aparte con Santillana.)

Ventura	¡Ah señor Nuño Salido! Vuesa ancianidad se sirva de escucharme mil palabras.
Santillana	¿Es vuesancé taravilla?
Ventura	¿Cómo ha nombre?
Santillana	Santillana.

Ventura	¿Y el que sacó de la pila?
Santillana	Ése es Suero.
Ventura	Sorberánle éticos, que el suero alivia. ¿Cuánto ha que sirve a esta dama?
Santillana	Dos horas, aun no cumplidas, ha que me alquiló una dueña por coadjutor de una silla.
Ventura	Luego ¿no sabe quién es?
Santillana	No, señor.
Ventura	¿A mí pandillas? So pena de la ración le mandan que no lo diga; pero aquí está un real de a cuatro que secretos desvalija de arrugados entrecejos. Diga quién es, si le brindan.
Santillana (Aparte.)	(Estafar a un paje de estos es hazaña peregrina. los cuatro reales me tocan. De esta vez le doy papilla.) Mucho puede el hipocrás que cierta despensa cría, a los cuatro condeno, aunque más mi ama me riña.

(Va a coger la moneda que Ventura ha mostrado.)

Ventura No. Tengamos y tengamos;
que temo alguna engañifa.

Santillana Soy contento. Esta señora,
por este hidalgo perdida,
viene a hablarle a lo cubierto
sin más gente y compañía,
que la que en mis años ve.

Ventura Más trae que doce tías.

Santillana Y es... No ha de decirlo a nadie,
si no es que le pida albricias
de su ventura a su dueño.

Ventura Pierda cuidado y prosiga.

Santillana Es la condesa...

Ventura ¿Condesa?

Santillana De Chirinola.

Ventura En la China
estará el chiri-condado.

Santillana No, señor, que es la provincia
de Nápoles.

Ventura ¡Chirinola!
Llamaráse Chirimía
la condesa. ¿Y dónde vive?

Santillana	Vive en la calle de Silva, en una casa de rejas azules con celosías.
Magdalena	El luto que pena os da, de un pobre viejo me libra, que ayer supe que murió; y antes de aguardar visitas y pésames, vine a veros con un escudero y silla, que excusan coche y criados.
Santillana	¿Falta más?
Ventura	Sí.
Santillana	Pues aprisa.
Ventura	¿Es casada esta condesa?
Santillana	Ya dicen que se le endilga, hablando a lo labrador.
Melchor	En fin, ¿mi amor no os obliga a que lo que por fe adoro, vea?
Magdalena	Soy agradecida, y quiero de vos saber si soy, como otros afirman, más que doña Magdalena Hermosa. Aplicad la vista a este ojo, fiador de estotro.

(Descubre el un ojo.)

Melchor	Decid nueva maravilla del cielo, decid que es Sol con rayos que vivifican el alma, en su ausencia muerta. ¡Ah Ventura, Venturilla!
Ventura (A Santillana.)	¿Señor? Adiós, escudante; que yo pagaré esta dita

(Guárdase la moneda.)

Santillana (Aparte.)	(¡Mal hubiese el escudero que de pajancos se fía!)
Ventura	¿Qué manda vuesa merced?
Melchor	Mira la belleza en cifra del cielo de este lucero, porque después no me digas que es mi repudiada esposa más hermosa, ni más digna del empleo de mi amor.
Ventura (A su amo.)	Mata, rinde, esplende, brilla, hermoso rasgón de gloria, luminosa saetía para las flechas de amor. Sé culto aquí, critiquiza.
Melchor	Mostradme su compañero.

Magdalena   Que me place.

(Muéstrale el otro ojo tapada.)

Ventura   ¿Son reliquias
de una en una?

Melchor   ¡Hay tal belleza!

Ventura   Ya, ojos, pierdo la ojeriza
con que el bolso nos aojastes.
Ojale ese ojal de vista
el dios sin ojos ni ojetes,
pues es hojuela en almíbar.
Ojo a la margen, señor.

Magdalena   ¿Paréceos que con justicia
podrán competir mis ojos
con los que amor autoriza
en vuestra dama?

Melchor   ¡Jesús!
No os injuriéis a vos misma
con esa comparación.
Que aquellos son...

Ventura   Porquería.

Magdalena   Esa sentencia pretendo
pagaros reconocida
con esta firmeza.

Ventura   Vaya.

Magdalena	Y a vos con esta sortija.
Ventura
(Aparte.)	¡Oh mano, mas celebrada...!
(Iba a decir que una misa
nueva y de aldea; mas no,
que es descompuesta osadía.)
¡Mano, si en bolsillos fiera,
en sortijas franca y linda!
¡Mano genovesa o fúcar!
¡Mano de papel batida!
¡Mano de reloj de Flandes,
de cabrito o de cabrita,
de almirez que hace almendrada,
y de misal manecilla!
¡Ésta es mano, y no la otra,
flemática, floja y fría,
frágil, follona, fullera,
fiera, fregona y francisca!
¡Oh mano, eu fin, de condesa
Chirinola, o chilindrina!
Pues si acierta el escudero,
es mano de señoría.
Santillana	¿Queréis callar?
Melchor	¿Cómo es eso?
Ventura	No hay verdad que oculta viva.
Condesa de Chirinola
sois. Esta vejez lo afirma.
Melchor	¿Condesa, mi bien?

Magdalena   Creed,
aunque al parlero despida,
lo que os esté bien en eso.

Santillana (Aparte.)   (Apoyóse mi mentira.)

Magdalena   Y en vuestra fe confiada,
adiós.

Melchor   Veréisla cumplida
antes que amanezca. Adiós.

Ventura   ¡O mano que mana mina!

(Vase todos. Salen doña Ángela y don Sebastián.)

Sebastián   ¿Cómo podré yo estorbar
que este don Melchor se case
y de celos no me abrase?

Ángela   Hoy se tienen de firmar
   las escrituras; mañana,
que es fiesta, su amor espera
la amonestación primera.

Sebastián   Y en ella mi muerte, hermana.
   ¡Nunca él hubiera venido
a Madrid!

Ángela   ¡Pluguiera a Dios,
si se han de casar los dos!

Sebastián   Ya tu amor he conocido.
   Bien le quieres.

Ángela	Es verdad.
Sebastián	Hasta en eso me pareces. Mas que a don Melchor mereces por tu sangre y tu beldad. Mas, en fin, los dos se casan, y los dos de pena y celos perecemos.
Ángela	Mis desvelos del justo límite pasan que el amor de solo un día permite.
Sebastián	Darle la muerte.
Ángela	Medio es el que escoges fuerte, y contra la elección mía, que haciéndola en don Melchor, se juzga bien empleada.
Sebastián	Muriendo él, aunque te agrada, también morirá tu amor, pero hagamos una cosa. Esta boda alborotemos.
Ángela	¿De qué manera podremos?
Sebastián	Diré que me dio de esposa el sí doña Magdalena.
Ángela	¿Dónde hallarás los testigos?

Sebastián Criados tengo y amigos.

Ángela Para dilatarla es buena;
mas no para disuadirla.

Sebastián Como agora se suspenda,
mi calidad y mi hacienda
bastarán a persuadirla.
  Viejo es su padre. ¿Quién duda
que su edad será avarienta?
Seis mil ducados de renta,
si el oro todo lo muda,
  y el hábito que ya espero,
¿qué cosa no alcanzarán?

Ángela Don Melchor es muy galán.

Sebastián Pero más lo es el dinero.
  Hasta intentarlo, ¿qué importa?

Ángela Nada; mas de esto te advierto,
que si el desposorio es cierto,
por ser mi ventura corta,
  no he de estar más un instante
en esta casa.

Sebastián Yo voy,
pues los conciertos son hoy,
a negociar lo importante
  para impedirlos.

Ángela Ardid
es provechoso, como halles
testigos.

Sebastián   Tiene en sus calles
todos los vicios Madrid.
Haz cuenta que es una tienda
de toda mercadería.
Siendo así, ¡bueno sería
que aquí el interés no venda
testigos falsos!

Ángela   Allana
con ellos cuanto dinero
tengo.

Sebastián   Más barato espero
negociar. Adiós, hermana.

(Vase don Sebastián. Sale Ventura.)

Ventura   Buscaba a señor el viejo,
y pensé que estaba aquí.

Ángela   Aguardaos. No os vais así.

Ventura   Voyme porque a mi amo dejo
esperándome.

Ángela   Escuchad.

Ventura   ¿Qué manda vuestra hermosura?

Ángela   ¿Cómo os llamáis?

Ventura   ¿Yo? Ventura.

85

Ángela   Buen nombre.

Ventura   Es de calidad,
          que soy muy cálido y franco;
          pero aunque el nombre me alegra,
          es por ser mi dicha negra,
          llamar al negro, Juan Blanco.

Ángela   ¿No venisteis vos anoche
          de León?

Ventura   Vine.

Ángela   Un secreto
          me guardad, si sois discreto.

Ventura   Mejor lo guardo que un coche.

Ángela   Esta sortija os obligue.

Ventura   ¡Oh mano, también perfeta!
(Aparte.)   (¿Qué lapidario planeta
          mi dicha ensortija y sigue?)
             Fuera Alejandro discreto,
          si cuando a la obligación
          de su amigo Efestión
          puso el anillo en secreto,
             la mano en lugar del labio,
          le honrara, pues le selló;
          que pues que no se le dio,
          ni fue liberal, ni sabio.
             Mas yo que con él me quedo,
          mejor le sabré guardar,
          pues para poder callar,

| | me pondré en la boca el dedo.
| | Digo, el de este anillo, freno
| | que mudo a la lengua doy.

Ángela   ¿Sabes, Ventura, quién soy?

Ventura   Sois cielo de amor sereno.

Ángela   ¿Podría yo competir,
          en materia de querer
          con quien esposa ha de ser
          de don Melchor?

Ventura   Y salir
          triunfante del mejor rayo
          con que el Sol alumbra el mapa,
          pues sin haber sido papa,
          me hacéis de anillo lacayo.

Ángela   ¿Tiene doña Magdalena
          muy tierno a vuestro señor?

Ventura   Más lejos está su amor,
          que París de Cartagena.

Ángela   ¿Que no la tiene afición,
          y es de su venida el norte?

Ventura   Como a un alguacil de corte
          que entra a hacer la ejecución.
          Más faltas en ella nota
          que en una mujer preñada,
          que en una mula fiada,
          y un juego, en fin, de pelota.

	No se casará con ella, aunque le hagan gran Sofí.
Ángela	Pues ¿para qué vino aquí?
Ventura	Cierta señoría bella, ya que todo lo desbucho, aquestas bodas enfría.
Ángela	¿Señoría?
Ventura	Señoría.
Ángela	¿Y se quieren mucho?
Ventura	Mucho.
Ángela	¿Quién es ella?
Ventura	Una condesa de medio ojo y una mano, que el reino napolitano le dio la pinta y la presa, y ella a mí me dio el anillo que veis.
Ángela	¿Y cómo se llama?
Ventura	Digo yo que es nuestra dama la condesa del bolsillo.
Ángela	¿Adónde cae ese estado?
Ventura	Si no perdí la memoria,

     cae dentro de la Vitoria;
     que es condesa de pescado.

Ángela   Hablad de veras.

Ventura   Por Dios,
     que le ha enamorado allí
     el mejor ojo que vi,
     no os haciendo agravio a vos,
      y la mano más brillosa,
     que el jabón de Chipre honró
     hoy la palabra nos dio
     de que ha de ser nuestra esposa
      como a estotra Magdalena
     olvide, y deje su casa.
     Esto es todo lo que pasa;
     mas no os dé, señora, pena,
      que en sabiendo vuestro amor
     mudará de parecer,
     porque solo dejó ver
     la condesa a don Melchor
      un par de ojos y una mano.
     Mostradle vos la nariz,
     con el rosado matiz
     de ese rostro soberano,
      el hocico y dentadura,
     cocándole con el dote;
     que a Magdalena y su bote
     olvidará, y por Ventura.
      digo por mí, a la condesa.
     Pues si aquí con vos se casa,
     todo en fin se cae en casa.

(Aparte.)   (De lo parlado me pesa;
      mas este anillo me quita

        el frenillo del secreto;
        que es como salvia en efeto,
        que la lengua facilita.)

(Vase Ventura.)

Ángela   No he menester yo más de esto
        para hacer que se dilate
        esta boda. Mi amor trate
        nuevos pleitos, y sea presto;
          que aunque más celosa estoy
        de la condesa que escucho,
        la dilación puede mucho.
        A buscar mi hermano voy.

(Vase doña Ángela. Sale doña Magdalena, con otro vestido, y Quiñones.)

Magdalena   Esto pasa. Yo, Quiñones,
        soy amada aborrecida,
        desdeñada y pretendida.
        ¡Mira mis contradicciones!
        Cubierta, doy ocasiones
        a su pasión amorosa;
        vista, soy fea y odiosa;
        enamoro y desobligo.
        Y compitiendo conmigo,
        de mí misma estoy celosa.
          Esta mano causa enojos
        que esta misma mano enciende.
        Déjame quien me pretende,
        por unos mismos despojos.
        Mal ha dicho de estos ojos,
        cuando los llama más bellos;
        huye lo que busca en ellos;

    y puede la aprensión tanto,
que es bastante solo un manto
a amarlos y a aborrecellos.
   Por desposarse conmigo,
de mí misma se descasa;
y por pasarse a mi casa,
deja mi casa, enemigo.
Yo que como sombra sigo
sus pasos, pues lo parezco,
lo que gano, desmerezco;
lo que me da gusto, lloro;
porque me adora, le adoro
y porque no, le aborrezco.
   ¿Has oído tú jamás
caso como este en tu vida?

Quiñones   Cosa es ni vista, ni oída;
pero tú la ocasión das.
Envidiosa de ti estás,
y niegas lo mismo que eres;
por ti que te olvide quieres
y sin darte a conocer,
siendo sola una mujer,
te partes en dos mujeres.
   Dasle joyas, y conjuras
su amor, que no te dará
la mano, ni vivirá
donde hospedarlo procuras.
Que rasgue las escrituras
le pides, y niegue el sí
que anoche concertar vi;
y pues de ti misma agora
vencida, eres vencedora.
Véngate por ti de ti.

Magdalena Mira. El verle tan constante
en amarme, me enloquece,
y en cuanto a esta parte, crece
mi fe, a su amor semejante.
Según esto, no te espante
que me obligue la Fortuna
a ser conmigo importuna,
y quiera ser sola amada;
pues soy dos imaginada,
aunque en la verdad soy una.
 Solo en la imaginación
vive amor; y siendo en ella
dos, una fea, otra bella,
tengo celos con razón.
En cuanto doy ocasión
a que se case conmigo,
si soy dos, ya desobligo
a la que desprecia y deja,
y si no, ya forma queja
la que es de su amor testigo.
 Como corren por mi cuenta
una y otra, he de acudir
a entrambas hasta morir,
a un tiempo triste y contenta.
Premiaréle porque intenta
pagar firme mi esperanza,
y entonces daré venganza
a su injurioso rigor
porque el desdén y el favor
paguen firmeza y mudanza.
 Yo le querré eternamente,
y eternamente también
se vengará mi desdén

	de lo que en el suyo siente.
Quiñones	De ti misma diferente,
	tejes contrarios desvelos.
Magdalena	Solo es poderoso, cielos,
	en tan proceloso abismo,
	partir un corazón mismo
	el cuchillo de los celos.

(Salen doña Ángela, don Sebastián, don Jerónimo, y don Alonso.)

Ángela	Su criado lo confiesa,
	y otros afirman lo mismo,
	que le han contado los pasos.
Sebastián	A mí algunos me lo han dicho
	y no lo quise creer,
	hasta que siendo testigo,
	por mis ojos lo que pasa
	en agravio vuestro he visto.
	Palabra se han dado ya,
	sospecho que por escrito,
	y se hubieran desposado,
	a no habérselo impedido
	la muerte del conde viejo.
	Como sois nuestro vecino,
	sentiré cualquier desgracia,
	que en la casa donde vivo
	os suceda. Remediad
	este daño a los principios;
	que si le dejáis crecer,
	corre riesgo su peligro.

Alonso	¿Don Melchor enamorado tan presto? ¿De ayer venido, y hoy casado por conciertos? ¿Quién creerá tal desatino?
Sebastián	¿Qué sabéis vos lo que ha que el leonés a Madrid vino, y los engaños que ha hecho disfrazado y escondido?
Jerónimo	A no hablarle don Luis en la Vitoria conmigo, dudo que a vernos viniera, y así la verdad colijo que afirma don Sebastián.
Alonso	Alto. Si vos lo habéis visto, ¿qué hay que dudar? Esta corte es toda engaños y hechizos. No ha de estar un hora en casa, Magdalena.
Magdalena	Señor mío, más certeza tengo yo en las dudas que os he oído. Don Melchor, nuestro paisano, como más discreto y digno de estados y de bellezas, que los que en mi empleo ha visto, está en vísperas de conde.
Alonso	¿También tú lo sabes?
Magdalena	Quiso

	el cielo desengañarme.
	Su esposa me ha dado aviso
	en la Vitoria hoy de todo;
	que es muy amiga, y me dijo
	que un don Melchor de León,
	aunque pobre, bien nacido,
	viniéndose a desposar
	con otra, en fin, ha podido
	más en un hora con ella
	que otro pudiera en un siglo.
	Hanse parecido bien
	los dos; de suerte que ha sido
	del luto de un padre muerto,
	su presencia regocijo.
	Ignoraba que era yo
	la interesada; y convino
	disimular por sacar
	toda esta verdad en limpio.
	En fin, estoy convidada
	al desposorio el domingo;
	que es, por su luto, en secreto.
Alonso	¡Casamiento repentino!
	¿Y quién es esa condesa?
Magdalena	Por hoy no puedo decirlo;
	que me ha encargado el secreto
	hasta que esté concluido.
Jerónimo	¡Vive Dios! Si no mirara
	que él mismo se da el castigo
	del necio trueco que hace...
Alonso	¿De qué os alborotáis, hijo?

| | ¿Qué pierde mi Magdalena
              en que no sea su marido
              quien tan presto se enamora,
              que hoy se casa y ayer vino? |

Magdalena   Es muy hermosa de manos,
             tiene los ojos muy lindos,
             llámala Italia condesa,
             muere por ser palatino...
             Muy buen provecho le haga;
             que ni lo siento, ni envidio
             las mejoras de su amor.

Alonso   ¿Hay caso mas peregrino?
             Mal me paga la amistad
             que su padre y yo tuvimos;
             pero es mozo: no me espanto.
             Vaya con Dios. Yo he cumplido
             con lo que a su padre debo.
             Ni es más noble, ni es tan rico...
             Yo te buscaré consorte
             caudaloso y bien nacido.

Sebastián   Si yo ese nombre merezco,
             y con mi hermana os obligo
             a que por hijos troquemos
             el título de vecinos,
             doce mil ducados tiene
             de dote, y siendo los míos
             seis mil, que de renta gozo,
             daréis a mi amor alivio.

Jerónimo   Deberéle a don Melchor,
             si eso se cumple, infinito;

| | pues por dejar a mi hermana, |
| | tan bella esposa consigo. |

Alonso   La oferta me está muy bien,
           y como vuestra la estimo,
           aunque para más de espacio
           los tratos de ella remito.
           Venga agora el conde nuevo;
           que el parabién le apercibo
           sin que de sus mocedades
           me piense dar por sentido.

(Salen don Melchor y Ventura.)

Melchor (Aparte.)   (Hoy tengo de despedirme.)
(A don Alonso.)   ¡Oh, señor! Aquí ha venido
                    un capitán de León,
                    algo deudo y muy amigo.
                    Va a casarse a Talavera,
                    y necesita testigos
                    que abonen su calidad.
                    La cortedad del camino
                    me fuerza a que le acompañe.
                    Licencia vengo a pediros,
                    y a vos, señora, paciencia
                    para reprimir suspiros,
                    en vuestra ausencia forzosos.

Alonso   Sois cortesano cumplido.
           Andad, don Melchor, con Dios,
           y traed apercebidos
           a la vuelta parabienes;
           que aunque breve, ya imagino
           que hallaréis a Magdalena

                            consolada y con marido.

(Vase don Alonso.)

Jerónimo   No es el viaje tan largo,
                            don Melchor, como me heis dicho,
                            ni está de aquí muchas calles
                            la posada que ha podido
                            alejaros de la nuestra.
                            El pláceme os apercibo
                            del título y desposorio.

(Vase don Jerónimo.)

Ventura (Aparte.)   (Algún Merlín se lo dijo.)

Sebastián   Pésame, como es razón,
                            que os hayamos conocido,
                            señor, por tan poco tiempo.
                            Gocéis la condesa un siglo.

(Vase don Sebastián.)

Ángela   Si no tiene inconvenientes
                            el estado clandestino
                            que honráis, decidnos el cuándo,
                            porque vamos a serviros.

(Vase doña Ángela.)

Ventura   Quiñones, aquella ropa
                            que te di ayer en un lío,
                            dos camisas son y un cuello...

Quiñones
: Hoy las llevaron al río.
Acuda a la lavandera
que se llama Mari-Pinos,
porque si también se casa,
aunque roto, vaya limpio.
Y vueseñoría vea
a los nietos de sus hijos,
archiduque al mayorazgo,
y a los otros arzobispos.

(Vase Quiñones.)

Magdalena
: Todos le dan parabienes
a vuesiria, y yo he sido
de diverso parecer,
pues pésames le dedico
de su desposorio en cierne.
Habrá un hora que me dijo
la condesa, con quien tengo
mucha amistad, que un su primo
viene hoy por ella de Italia;
que está la herencia a peligro
de sus estados, si deja
de dar a no sé qué Enrico
la palabra y sí de esposa;
y que así al instante mismo
es fuerza el irse a embarcar
a Barcelona; que han dicho
que se parten las galeras,
y corren riesgo navíos,
porque en toda aquella costa
andan cosarios moriscos.
Pidióme que de su parte
me despidiese a lo fino,

                        y enjugó a los soles perlas
                        con aquel marfil bruñido,
                        en cuya comparación
                        es yeso, es carbón el mío,
                        y es en fin, una Etiopía.

Ventura   ¡Oste, puto! ¡Piconcicos!

Magdalena   Por no tiznar señorías
                        que se quiebran como vidrios,
                        no sustituyo condesas,
                        que abrasan, y yo granizo.
                        Mi padre me busca esposo;
                        a obedecerle me animo;
                        pésame que vuesiria
                        fue llamado y no escogido.

(Hácele una gran reverencia, y vase.)

Ventura   Conde en calzas y en jubón
                        te han dejado. Vive Cristo,
                        que la tapada borracha
                        nos la pegó de codillo.
                        Patibobo te has quedado;
                        alma Garibaya has sido.
                        Ni te quiere Dios ni el diablo,
                        pues las dos te han despedido.
                        Vendamos aquesas joyas
                        con que alquilemos hospicios,
                        si no son falsas como ellas
                        esa firmeza y anillos.

Melchor   Volverme quiero a León.

Ventura ¿Qué has de hacer allá, corrido
más que perro por antruejo,
sin mujer y sin bolsillo?

Melchor Yo tengo fortuna corta.
Salgamos de laberintos,
donde hoy se casan amantes,
y enviudan al tiempo mismo.
¡Jesús mil veces, cuál voy!
¡No más Madrid!

Ventura   Motolitos
entran, como tú, brillantes,
y salen almas del limbo.

Fin de la segunda jornada

Jornada tercera

(Salen don Melchor y Ventura, de camino.)

Melchor   ¿Vino el mozo?

Ventura   Con dos mulas
tan macilentas y flacas,
que si por Madrid las sacas
dirán que pregonas bulas.

Melchor   Ponme pues esas espuelas.

Ventura   Los dos, en resolución,
¿nos volvemos a León?

Melchor   Ventura, no más cautelas,
no más amor de camino.
¡Hoy ido, y casado ayer!

Ventura   La disfrazada mujer
te quiso bien a lo fino,
  como dirá la firmeza
que con treinta y dos diamantes,
a lo culto rutilantes,
te asegura su riqueza.
  Seiscientos ducados da
a la primera palabra
un platero que los labra.

Melchor   De memoria servirá,
  Ventura, para tenerla
de su dueño mal logrado,
perdido hoy y ayer hallado.

Ventura   Más nos valiera venderla,
                     pues no saben en León
                  de los diamantes el precio.

Melchor   ¿Son allá bárbaros, necio?

Ventura   No, mas montañeses sola,
                     que sin hacerles injurias,
                  por vidrios los juzgarán
                  los que diestros solo están
                  en azabaches de Asturias
                     y no sé yo que tú tengas
                  para el camino dinero.
                  Mi anillo compró el platero,
                  no para que en él prevengas
                     tu costa, que son mis gajes,
                  y si me dio treinta escudos
                  tienen otros tantos ñudos.

Melchor   Para que los aventajes,
                     prestarásmelos, y allá
                  te los volveré seguros.

Ventura   ¿Sobre qué hipoteca o juros?

(Va calzando a su amo las espuelas.)

                  No te enojes: bueno está;
                     pues siendo yo tuyo todo,
                  también lo es cuanto poseo.
                  Solo que vuelvas deseo
                  a nuestra patria de modo
                     que no hagan burla de ti

        los que el parabién te dieron
en León, cuando te vieron
venir a casarte aquí.
        Ya se fue e la Chirinola
la condesa oji-morena;
bella es doña Magdalena,
y ella te merece sola.
        Enojada del agravio
que la hiciste, no fue mucho
que hubiese llanto y celucho.
Vuelve a hablarla, si eres sabio.
        Pídele al viejo perdón.
Intercederá su hermano;
daráte la hermosa mano.
Parará en paz la cuestión.
        Tendrá tu venida el fruto
que allá apeteciste tanto,
y sin engaños de un manto.
¡Vaya el diablo para puto!

Melchor   Si ella fuera tan hermosa
como mi condesa ausente,
o no estuviera presente
en mi memoria amorosa,
        yo hiciera lo que me dices.

Ventura   Dos ojos llegaste a ver
y una mano, sin saber
si la tal tiene narices;
        y la Magdalena basta,
y aun sobra, para abrasar
catorce Troyas, y dar
a veinte linajes casta.
        Pero cuando no te agrade,

              de su vecina te dije
              que por su amante te elige,
              y que a su hermosura añade
              doce mil de dote.

Melchor   Todas
              con mi bella ausente son
              monstruos.

Ventura   Pues, alto a León,
              y enhuérense nuestras bodas.
              A poner voy las maletas.
              Vive Dios, que estás extraño.

Melchor   Huyamos de tanto engaño,
              y en lo demás no te metas.

(Sale Santillana.)

Santillana   ¿Vive un caballero aquí,
              que vino ayer de León?

(Ventura habla aparte a su amo.)

Ventura   Señor, el escuderón
              que con la condesa vi.
                 nos busca.

Santillana   ¡Oh, leonés gallardo,
              bésoos el izquierdo pie,
              que en vuestro talle se ve
              el valor de aquel Bernardo
                 heredero de Saldaña,
              del Carpio y Asturias gloria!

	También sabemos de historia los viejos de la montaña.
Ventura (Aparte.)	(Es demonio el Santillana.)
Santillana	Dejémonos de eso agora. La condesa mi señora, la que le habló ayer mañana, este billete le envía, y con él cierto regalo, que al de una reina le igualo, aunque es de una señoría.
Melchor	¿Luego aquí está la condesa?
Santillana	¿Pues dónde?

(Hablan aparte don Melchor y Ventura.)

Ventura	Éste fue picón.
Melchor	Ventura, dale un doblón.
Ventura	¡Mas nonada!
Santillana	¡Lo que os pesa de mi bien!
Ventura	¿Doblón? primero doble el sacristán por vos.
Melchor	No seas necio. Dale dos.

(A Ventura.)

Santillana	¿Daislo de vuestro dinero? ¿Son estos los cuatro reales de marras?
Ventura (Aparte.)	(Tras el bolsillo se va acogiendo mi anillo.) A muchas dádivas tales quedarémos en pelota. Tome y reviente con él.
Melchor	Oye, Ventura, el papel.
Ventura	Buena letra.
Melchor	Y mejor nota.
(Lee.)	«Por asegurarme de vuestro amor, he fingido jornadas que no pienso hacer, y casamientos de que estoy libre, puesto que doña Magdalena, engañada por mí, haya publicado lo uno y lo otro por verdadero. Satisfáceos de mis celosas diligencias, y vedme luego en el lugar acostumbrado; que para la costa del camino, que os ruego no hagáis, ese escudero os lleva dos mil escudos y un regalo de dulces y ropa blanca. Reservándoos el principal para cuando sea ya tiempo, que es un alma reconocida a lo mucho que merece vuestra firmeza y valor. La Condesa.» Quita espuelas, quita botas despide postas.

Ventura	Despido, quito botas y vestido. ¡Dos mil escudos! ¿Qué flotas qué vellocino, qué gato de avariento tabernero, qué talegón de arriero, ni qué robo de mulato hay que iguale a nuestra presa?
Melchor	¡Que la condesa fingió sus bodas! ¡Que no partió a Nápoles la condesa! ¡Que otra vez me quiere hablar!
Ventura	¡Que dos mil escudos de oro envía! ¡Oh viejo Medoro! Por Dios, que te he de besar.
Santillana	Arre allá. ¿Venís en vos? Aún el diablo fuera el beso. No está el tiempo para eso.
Ventura	¡Mil doblones, y de a dos! ¿Dos mil escudos envía? Dar dos mil abrazos quiero... —¡Oh escudos!— ...al escudero de tan bella escudería.

(A Ventura, que porfía en abrazarle.)

Santillana	¿Queréis apostar, hermano, que os he de hacer acusar?

(Lee.)

Melchor   «Vedme luego en el lugar
               acostumbrado.» ¡Ay mi mano!
                 ¡Que otra vez tengo de veros!

Ventura   ¿Dónde el regalo quedó?

Santillana   Una dueña me guió
               con la ropa y los dineros
                 a esta casa, y a la puerta.
               Con todo aguardando está.

Melchor   Venturilla, llamalá.
               Veré si es mi dicha cierta;
                 que si ella me la asegura,
               cuanto me trae pienso darla
               de albricias.

Ventura   Voy a llamarla.
               Ahora sí que soy Ventura.
                 Con una y otra cabriola
               tengo el alma alborotada.
               ¡Oh, condesa oji-tapada!
               ¡Bien haya tu Chirinola!

(Vase Ventura. Don Melchor repasa el papel.)

Melchor   ¡Ay condesa de mi vida!

Santillana (Aparte.)   (¡Válgate el diablo el leonés!
               ¿Beso a Santillana?)

Melchor   «Que es

                        un alma reconocida
                        a lo mucho que merece
                        vuestra firmeza y valor.
                        La condesa.» ¿Hay tal favor?
                        El contento me enloquece.

Santillana (Aparte.)   (¿A mí beso? Vive Dios,
                        que a no venir sin espada...)

(Sale Ventura.)

Ventura   Fuese la dueña tapada,
                        y en talegos, me di dos...
                          ¡esto es crítico!... dos mil
                        escudos y tres tabaques
                        con preciosos badulaques,
                        cuellos de cambray sutil,
                          camisas de holanda, y tal
                        que te la puedes beber,
                        dulces que bastan a ser
                        de Santo Domingo el Real,
                          o de una Constantinopla
                        dechados, para imitarse,
                        y sin querer destaparse
                        sino sola una manopla
                          me dijo: «Paji-lacayo,
                        al conde mi señor diga
                        que su buena suerte siga».
                        Y acogióse como un rayo.

Melchor   Vamos, pues, a la Vitoria.

Ventura   ¿Con botas y con espuelas?

111

Melchor	Ya son de mi amor pihuelas para detener mi gloria.
Ventura	¡Oh qué traidores doblones! Cada uno tiene dos caras. Todas son yemas; no hay claras de reales ni patacones.
Melchor	Ven, y no te espantes de eso, pues me los presenta un Sol.
Ventura	¡Oh, escudero chirinol!
Santillana	¿Mas que vuelve a lo del beso?

(Vanse todos. Salen doña Ángela y Quiñones, con manto.)

Quiñones	Antes de quitarme el manto,
	por lo que a tu hermano debo,
	a ser tercera me atrevo
	de vuestro amoroso encanto;
	  que aunque sea a mi señora
	infiel, estoy obligada
	a tu hermano, y cohechada
	de mil regalos que agora
	  estorbos han de allanar
	que su cuidado encarece.
	Sé lo mucho que merece;
	mas no se podrá casar
	  con él doña Magdalena,
	mientras durare el amor
	que a tu amante don Melchor
	da por la condesa pena.
	  Ella fingió su partida

	a Nápoles por saber
	si el leonés sabe querer.
Ángela	¿Luego no es la condesa ida?
	¿Luego no se va a casar
	a Nápoles con su primo?
Quiñones	Su ingenio sutil estimo.
	Engaño fue por probar
	si a mi señora quería,
	y se casaba con ella;
	pero viendo que atropella
	tantas cosas en un día,
	y que se vuelve a León,
	despreciando la belleza,
	discreción, sangre y riqueza
	que juntas a la afición
	que mi señora le tiene,
	bastaban a enternecer
	un mármol, ser su mujer
	con nuevas trazas previene.
	Nuestra doña Magdalena,
	que para decir verdad
	tiene extraña voluntad
	a don Melchor, con la pena
	y celos de quien adora,
	en fe que por él se abrasa,
	para saber lo que pasa
	me ha hecho su inquisidora.
	En efeto, me he informado
	que ni a Nápoles se va,
	ni vino a Madrid de allá
	tío para darla estado.
	Antes a su don Melchor

        obligada, cuando estaba
el pie en el estribo, y daba
nuevo repudio a su amor,
   dos mil escudos le envía,
y un regalo amante y franca
de dulces y ropa blanca...
pero, en fin, es señoría
   y en la Vitoria le espera,
donde tratarán los dos,
con la bendición de Dios,
echar cuidados afuera
y desposarse mañana.

Ángela   Si eso es cierto, muerta soy.

Quiñones   Yo que este aviso te doy
y tengo engaños de indiana,
   como tú te determines
a un hecho digno de fama,
daré a tu amorosa llama
dichosos y alegres fines.
   Vístete de luto, y ve
a la Vitoria cubierta;
que él aguardará a la puerta
su condesa; y si te ve
   tapada y con luto, luego
te ha de tener oor su dama,
a quien adora por fama,
sin que su amoroso fuego
   haya alcanzado a ver más
que una mano y un medio ojo
ocasión de tanto enojo.
La tuya le enseñarás;
   que cuando no sea mejor,

a lo menos su cristal
es a su belleza igual.
Dile finezas de amor;
   agradécele discreta
el haber por ti dejado
tal mujer; di que tu estado,
y voluntad ya sujeta
   por dueño elegirle ordena
y porque en la casa tuya
habrá estorbos, en la suya,
sin que doña Magdalena
   lo sepa, esta tarde quieres
darle de esposa la mano.
Él con tal favor ufano,
sin consultar pareceres,
   que no los admite Amor,
te guiará a su casa luego.
Darás alivio a su fuego,
y dueño noble a tu honor.
   Pues no habiendo visto, en fin,
de la condesa la cara,
si en tu hermosura repara,
retrato de un serafín,
   ¿quién duda que en su provecho
engañado, si lo sabe
después, su dicha no alabe,
y te adore satisfecho?
   Quedaráse la condesa
burlada; dará a tu hermano
mi señora el alma y mano;
y viendo lo que interesa
   don Jerónimo, después
que por perdida te llore,
podrá ser que se enamore

    de la condesa, y los tres
     os caséis por causa mía.
    Tú y don Melchor; mi señora,
    y tu hermano que la adora;
    y con una señoría
     don Jerónimo, porque haya
    mejor fin del que se espera,
    de tres yo casamentera,
    y un amor de tres en raya.

Ángela   ¡Determinación terrible!
    Pero a un grande daño es medio
    forzoso otro igual remedio,
    y sin ése no es posible
     atajar el que yo lloro,
    si se intentan casar hoy.
    Resuelta en seguirle estoy,
    que al leonés gallardo adoro.
     Salga yo bien de este enredo,
    y daréte un dote igual
    a tu ingenio.

Quiñones   La señal
    con que asegurarte puedo,
     es el bolsillo que ves,
    y lleno de escudos dio
    don Melchor, la vez que habló
    a la Condesa. Después
     te diré de la manera
    que vino a mi posesión.
    Cuélgatele del cordón;
    asegura esta quimera,
     y vete a vestir de luto.
    No pierdas por tu tardanza

	El fruto de tu esperanza.
Ángela	Y la vida con el fruto. Notables cosas intento. ¡Ay tirano don Melchor! Anime mi firme amor este extraño atrevimiento.

(Vase doña Ángela.)

Quiñones Si doña Ángela se casa
con don Melchor, de este modo
a mi señora acomodo
con don Sebastián, y en casa
se queda todo el provecho.
Pues que después de casados
me quedarán obligados
y mi interés satisfecho.
A alargar la dilación
de mi ama voy agora,
porque su competidora
le gane la bendición.

(Vase Quiñones. Salen don Melchor y don Luis.)

Luis Ya os juzgaba una jornada
de aquí.

Melchor Nuevas ocasiones
dan a mi amor dilaciones.
Aquella dama tapada
que ayer vistes enlutada,
ha de volver hoy aquí.

Luis	¿No fue la Condesa?
Melchor	Sí.
Luis	Pues ella ¿no se partió / a Nápoles?
Melchor	Primo, no;

que a Italia deja por mí.
 Vos me veréis conde presto,
y dueño de una hermosura
que dé envidia a la ventura,
y a mi amor un alto puesto.

Luis

Ya el parabién os apresto;
aprestad vos a mi pena
el pésame, pues ordena,
para que muera y me abrase,
que don Sebastián se case
con mi doña Magdalena.
 Don Jerónimo ha pedido
a doña Ángela, y el viejo
aprobando su consejo,
da a mi tirana marido.
Estoy de celos perdido,
y si se casan los dos,
podrá ser, primo, por Dios,
que algún disparate intente
porque mi amor no consiente
celos de otro que de vos.

Melchor

Vivid vos seguro de esos,
porque yo no me casara
con ella, si despojara

	al Potosí de sus pesos. Por los ojuelos traviesos que adoro, y ya llamo míos, hace mi amor desvaríos, y esotros me dan enojos, que son muertos, si son ojos, y si son soles, son fríos.
Luis	Consientoos hablar mal de ellos por lo bien que eso me está; puesto que el cielo podrá poner sus luces en ellos. Gozad vos los vuestros bellos mil años con dulce fruto, que mientras os dan tributo, si mis celos ponderáis, en esta ocasión mezcláis vuestras bodas con mi luto.

(Vase don Luis. Sale Ventura, y después doña Ángela, de luto como doña Magdalena y tapada.)

Ventura	Ea, señor, ya ha llegado nuestra condesa dorada, que a quien da dos mil escudos así quiero intitularla. Llega haciendo reverencias o paternidades, y habla. Mil doblones te envió; dobla las rodillas ambas.
Melchor	¡Oh, hermosa señora mía! ¿Cuándo ha de romper el alba los crepúsculos oscuros,

                de ese Sol nubes avaras?
                ¿Cuándo dirá mi ventura,
                después de noche tan larga,
                que el cielo corrió cortinas,
                y amaneció la mañana?

Ventura   ¿Cuándo, o bella Chirinola,
                costurera ballenata,
                pues con agujas del Sol
                no cosistes ropa blanca
                desnudándoos ornamentos,
                pues alba mi amo os llama,
                los dos os podremos ver
                en sobrepelliz o en alba?
                ¿Cuándo dirá: «¡Ropa fuera!»
                el ciego Amor que os enmanta,
                o rasgará, por leeros,
                la cubierta de esa carta?

Melchor   Apártate allá, Ventura.

Ventura   Toda ave a la aurora canta,
                el jilguero y el gorrión.
                Música hay también lacaya;
                mi parte tengo en el coro
                canta y cantemos.

Melchor   Aparta.

Ventura (Aparte.)   (Y en los dulces, ya yo he dicho
                Ite, missa est a dos cajas.)

Ángela   Mala noche os habrá dado
                mi mentirosa jornada,

	prueba de vuestra firmeza,
	vitoria de mi esperanza.

Melchor   Es así; pero no es mucho
          pasar una noche mala
          por un día tan alegre.

Ángela   Quedándoos vos en España,
          mal se pudiera partir,
          quien os quiere tanto, a Italia;
          pues pasara de vacío
          Amor, un cuerpo sin alma.

Melchor   Dadme por esa merced
          a besar la nieve helada
          del puerto de mis deseos.

Ventura   Quitad la encella a esa nata
          si es que hay natas con encellas;
          que yendo a decir «cuajada»,
          andan, desde que hablan cultos,
          las metáforas bastardas.

Ángela   No es mano de cada día
          un ojo enseñaros basta,
          réditos de vuestro amor,
          que mi principal os paga.

Melchor   Eso fue pagarme en oro,
          cuando os ejecuto en plata;
          que al buen pagador, señora,
          no le duelen prendas.

Ventura   ¡Vaya!

Hoy cobramos en doblones,
puesto que ojos con pestañas
es moneda de vellón;
mas, o mi vista se engaña,
o no es ese ojo el de ayer;
que su niña era mulata,
y hoy se ha vestido de azul,
que llama el vulgo, de garza.

Melchor   Anda, necio.

Ventura   ¡Vive Dios!
Que era endrina toledana
la niñeta que ayer vimos,
y hoy nos mira turquesada;
pero no te espantes de esto,
que ha venido de Alemania
un maestro que tiñe ojos,
como otros cabello y barbas.

Melchor   No hagáis caso de este necio;
que yo doy crédito al alma,
que con pinceles más vivos
en mi memoria os retrata.
Yo sé que es ése el que adoro;
mas ¿qué es esto? ¿Otra enlutada?

Ventura   Serán como cartas de Indias
que se escriben duplicadas.

(Sale doña Magdalena, de luto.)

Magdalena   Solo en vuestro noble trato
estribó la confianza,

           don Melchor, que hice de vos,
           pero pues tan presto os falta,
           y venido de anteayer,
           me ocupan mantos la plaza
           que pensé yo que era mía,
           cuando la juzgué estar vaca.
           Con desengaños costosos
           dando libertad al alma,
           a precio de algún suspiro,
           podré ya volverme a Italia.
           Gocéis la ocupación nueva
           mil años; que escarmentada
           en mí misma, sabré, en fin,
           lo que son hombres de España.

(Hace que se va.)

Melchor   Señora, señora mía,
            no desdeñéis enojada
            la confusión de un amor
            que ni os conoce ni agravia.
            ¿Sois vos mi hermosa condesa?

Magdalena   Que era vuestra, imaginaba
            quien colige de esas dudas
            que sois de memoria flaca.
            Presto me desconocéis.
            Adiós.

Melchor   ¡Ay, condesa amada!
            O no os vais, o daré voces.

Ángela   ¿Condesa? ¿Hay traición más rara?
            ¿Luego otra condesa ha habido

| | en la corte, en cuyas llamas
                 os abrasáis? |

Ventura (Aparte.)   (Hay agora
                     señorías muy baratas.)

Ángela   Gracias a Dios, que con tiempo,
                    aunque el llanto la costa haga,
                    podrá hacer mi libertad
                    una bella retirada.
                    No creyera yo, hasta verlo,
                    que en las leonesas montañas,
                    de la suerte que en la corte,
                    engaños se avecindaran.
                    Discreto fue mi recato
                    en no enseñaros mi cara.
                    Poco hay perdido hasta agora;
                    mi nombre ignoráis y casa.
                    Si hiciéredes diligencias
                    para saberla, mañana
                    a Nápoles me escribid
                    porque me alcancen las cartas.
                    Adiós.

(Quiere irse doña Ángela.)

Melchor   Condesa, mi bien,
                    oíd, escuchad. ¡Qué extrañas
                    confusiones me persiguen!

Ventura (Aparte.)   (¡Qué gentil chirinolada!)

Ángela   No quiero llevar memorias
                    que entristezcan mi jornada.

	De este bolsillo me hicistes
	antiyer depositaria.
	Pues el dueño pareció,
	aunque a vos no os hará falta
	pues que con dos mil escudos
	mi libertad se rescata,
	haced alguna obra pía
	con su valor, o dad traza
	de engañar con él condesas
	en oír misa ocupadas;
	que yo hiciera mi camino
	satisfecha, si mezclara
	en los dulces rejalgar,
	ponzoña en la ropa blanca
	e imitando a Deyanira,
	la ingratitud castigara
	de un hombre tan descortés.
Magdalena	¿Qué es esto, ilusión pesada?
	¿Vos de Nápoles condesa?
	¿Vos en el disfraz velada
	de un manto, en esta capilla
	fuistes antiyer la causa
	de la confusión presente?
	¿Vos dinero, ropa blanca
	y dulces a don Melchor?
Ángela	Diréis que no. Cosa es llana;
	que como en el luto y nombre
	usurpáis mi semejanza,
	querréis de ajenos presentes
	levantaros con la gracias.
	Gozadlas enhorabuena;
	que si esta prenda no basta

(Enseña el bolsillo de don Melchor.)

                     a desengaños tan ciertos,
                     ellos me darán venganza.

Ventura   Ésta probó su intención.

Melchor   A satisfacción tan clara,
                     ¿quién pondrá, condesa mía,
                     dudas, pleitos, ni demandas?
                     En vuestro favor sentencia
                     tan reconocida el alma
                     cuanto confusa de ver
                     vencida a vuestra contraria.
                     Señora, a quien no conozco,
                     que me pesa, os doy palabra,
                     de condenaros en costas
                     de una burla tan pesada.
                     Si hacerla de mí quisisteis,
                     desazónaseos la traza.
                     Vuestras armas os hirieron;
                     idos a curar a casa.

Ventura (Aparte.)   (Mamóla su señoría.
                     ¡Oh condesa redomada!
                     La picardía os gradúa
                     con la borla de bellaca.)

Magdalena (Aparte.) (Yo estoy de suerte perdida,
                     que si no me desengañan
                     que duermo, daré mil voces,
                     aunque peligre mi fama.)
                     Sutilezas de Madrid

	me habrán robado de casa ese bolsillo que encierra los hechizos que me encantan. Ya me pesa que no hayáis visto, don Melchor mi cara porque enseñándoosla agora, viérades quien os engaña. Pero esperad. ¿Conocéis aqueste ojo?
Melchor	¡Ay Sol del alma! ¡Ay norte de mis deseos! ¡Ay gula de mi esperanza! ¡Y cómo que le conozco!
Ventura (Aparte.)	(¿Ya empezamos nuevas chanzas? Bolsillo y ojos compiten. Ofrezcoos al diablo a entrambas.)
Magdalena	¿Acordáisos de los cabos que de mi cordón colgaban cuando el ladrón los cortó?
Melchor	Dos trenzas eran de nácar.
Magdalena	¿Son éstas?
Melchor	Sí, mi señora.
Magdalena	Juzgad agora quien causa, de vos o de mí envidiosa, los enredos que me agravian.
Ángela	Los cordones del bolsillo,

            que con sutileza tanta
            me cortó no sé yo quién,
            en misa estotra mañana,
            téngolos guardados yo,
            y aquésas son señas falsas
            pues para contrahacerlos,
            hay en la corte seda harta.

Melchor   Ventura, ¿qué dices de esto?

Ventura   Que ha sido almendra preñada
            nuestra condesa de a dos,
            o erizo con dos castañas,
            huevo que dos yemas tuvo,
            y aunque con cáscara entrambas,
            tu amor, que es gallina clueca,
            hoy estas dos pollas saca.

Melchor   ¡Problemática cuestión!
            Dos sendas hallo encontradas,
            y yo indiferente entre ellas,
            ignoro por cuál me vaya.
            Pero la mano, que fue
            de mi amor primera causa,
            tengo dentro el alma impresa,
            y la memoria la guarda.
            Mostradme, señoras mías,
            cada cual la suya y salga
            vitoriosa la que obligue
            que mi amor llegue a besarla.

Magdalena   Soy contenta.

Ángela   Y también yo.

(Salen don Jerónimo y don Sebastián, hablando en el fondo.)

Magdalena (Aparte.) (¡Ay, Dios! ¡Mi hermano! Si me halla
aquí, ocasiono su enojo.)

Ángela (Aparte.) (¡Mi hermano es éste! No hay traza
de salir con mis contentos.)

Magdalena Ya estaba determinada
de que mi mano ofendida
deshiciese esta maraña;
pero no lo merecéis.
(Aparte.) Adiós. (¡Ay! ¡Cuál voy!)

(Vase doña Magdalena.)

Ángela (Aparte.) (¡Qué vaya
vencida mi opositora!)
Como salieran a plaza
su mano agora y la mía,
la vitoria se declara
por mi parte. Pues se va
y, yo por vos agraviada,
de vuestro incrédulo amor
me vengo con no mostrarla.
Mañana intento partirme.
Ved qué mandáis para Italia.

(Vase doña Ángela. Don Melchor y Ventura, en el proscenio; don Jerónimo y don Sebastián, quedan retirados.)

Ventura ¿Volvemos por las mulas?
¿Que te quedas hecho babia?

	Dos mil escudos nos dejan. ¡Bercebú con ellas vaya!
Melchor	¿Hay caso que iguale al mío?
Ventura	Ni sé si es dicha o desgracia. Mas don Jerónimo es éste, y su vecino. Si tratas de componerte con ellos, llega a hablarlos. Dos hermanas te adoran. Pídeles una. A aqueste lado te aparta.
Jerónimo	No hay que reparar en dotes, pues solo mi amor repara en los de naturaleza que a doña Ángela acompañan. Ya están los contratos hechos casados con dos hermanas, mediando lazos, Amor reciprocará cuatro almas.
Sebastián	La mía reconocida os rinde infinitas gracias por el dueño que la dais, tierno alivio de mis ansias.

(Reparando en don Melchor.)

Jerónimo	¿No es éste el conde de anillo?
Sebastián	El mismo, aunque le juzgaba cinco o seis leguas de aquí.

Jerónimo	Por no ocasionar palabras, que reducidas en obras averigüen las espadas, fingiré que no le veo.
Sebastián	Hacéis bien. Vamos a casa.

(Vanse los dos.)

Ventura	No te han visto, o no han querido.
Melchor	¿Será posible que haya historia como la mía, en cuantas dan alabanza a poéticas ficciones?
Ventura (Aparte.)	(¡Oh qué comedia tan brava hiciera, a ser yo poeta, si escribiera aquesta traza!)

(Sale Santillana.)

Santillana	La condesa mi señora, aunque dice que enojada con vos se partió de aquí, que vais esta noche os manda a la una, no a las doce porque entonces se despachan provisiones por Madrid, que trocara yo por ámbar, a la calle donde vive doña Magdalena, dama que vos diz que conocéis, que por no sé qué desgracia

que la condesa recela
con quien intenta llevarla
a Nápoles, esta noche.
Teme volver a su casa,
y así se queda en estotra.
Dice, en fin, que a una ventana,
que sale a una calle estrecha,
para hablaros os aguarda;
pero que no ha de saber
doña Magdalena nada
de lo que por mí os avisa;
que habrá carambola extraña.
No me encargó la respuesta.
Si habéis de ir, catarros andan;
aforraos con media azumbre,
y dos cofietas colchadas.

(Vase Santillana.)

Melchor   Oíd, escuchad...

Ventura   Es sordo.

Melchor   ¿Qué dices de esto?

Ventura   No vayas;
que temo que han de cogerte
su hermano y padre en la trampa.

Melchor   ¿Para qué?

Ventura   Para casarte,
o pedirte la palabra
que diste a su Magdalena.

Melchor	¿Cómo? Si ves que se casa con don Sebastián.
Ventura	No sé. No imagino que le faltan, sin que en su casa se hospede a la condesa, posadas. Don Jerónimo, sentido del desprecio de su hermana, fingiendo no conocerte, junto a ti sin hablar pasa... Mira lo que haces primero.
Melchor	Si la condesa me llama, no hay que mirar, ni temer que venga el recaudo basta en nombre de mi señora. Pero ¿cuál será de entrambas? ¿La primera, o la segunda?
Ventura	Eso, averígüelo Vargas.

(Vanse. Sale doña Magdalena, con otro vestido, y Quiñones, con el bolsillo de don Melchor en la mano.)

Quiñones	Vesle aquí, que de guardado le daba yo por perdido.
(Aparte.)	(A no haber antes venido doña Ángela, ¡en buen cuidado me había puesto!)
Magdalena	Hubiera dado Quiñones, yo cualquier cosa,

aunque estuviera quejosa
de ti, porque te le hurtaran,
y estos enredos hallaran
salida menos dudosa.
   Ése, u otro como él,
a don Melchor engañó,
y otra mujer como yo
turbó mi esperanza fiel.
Hablóle ciega por él;
y teniéndola por mí,
que le daba cuenta oí
de mi amor distintamente,
desde el instante presente,
hasta el punto que le vi;
   lo que pasó en la Vitoria
cuando el bolsillo me dio,
lo que en casa sucedió,
de mis agravios la historia,
su camino y la memoria
del regalo que le hice,
que a Italia se parte dice,
y que es la condesa prueba.
Mira tú si hay Circe nueva
que así engañe y así hechice.

Quiñones	¿Quién será? ¡Válgame el cielo!
Magdalena	Eso me tiene perdida.
Quiñones	Ya de otra dama ofendida, no tendrás de ti recelo.
Magdalena	Con ese mismo desvelo quejas de mí misma doy;

	pues si la condesa soy
	que él ama y mi opositora
	finge estar la misma agora,
	mal conmigo misma estoy.
	Como a condesa, ¿no me ama,
	don Melchor?
Quiñones	Por ti se enciende.
Magdalena	¿Ser condesa no pretende
	mi enemiga?
Quiñones	Así se llama.
Magdalena	Luego, si una misma llama
	causa aqueste frenesí,
	y yo quien le abrasó fui
	aunque esotra lo enamore;
	mientras en ella me adore,
	celosa estaré de mí.
	Dame tú que ella dijera
	ser Magdalena fingida,
	y vieras que aborrecida
	de ella como de mí huyera.
	Mira que extraña quimera
	causa este ciego interés;
	que en tres dividirme ves,
	y aunque una sola en tres soy,
	amada en cuanto una, estoy
	celosa de todas tres.
Quiñones	Parece juego de manos.
	¡Lindos desvelos te matan,
	mientras que casarse tratan

	hoy hermanas con hermanos!
Magdalena	Saldrán sus conciertos vanos.
Quiñones	Tu padre, don Sebastián y don Jerónimo están sobre esto encerrados.
Magdalena	Traten que estos celos no me maten Quiñones, y acertarán. Ya es tarde. Di que indispuesta, temprano me recogí si preguntaren por mí.
Quiñones	¿No sosegaste esta siesta?
Magdalena	Soyme a mí misma molesta, porque compito conmigo.
Quiñones	¿Quiereste acostar?
Magdalena	¿No digo que sí?
Quiñones	Ven pues.
Magdalena	A velar voy amor, por esperar en mi amante a mi enemigo.

(Vanse las dos. Salen don Melchor y Ventura, como de noche.)

Melchor	Ésta es la calle aplazada,

	y la ventana una de éstas, que mis esperanzas verdes sus verdes hierros enredan.
Ventura	No hará a lo menos la calle información de limpieza, ni es malo aquí un romadizo con dos botas de diez suelas.
Melchor	¿Las cuántas son?
Ventura	El cahiz dio Santa Cruz, y ya empiezan perfumeras mantellinas a arrojar quintas esencias.
Melchor	¡Agradable oscuridad!
Ventura	Salen la Luna y estrellas de medio ojo, porque imiten nuestras dos chiri-condesas.
Melchor	¿Cuál la que adoro sería? ¿O qué es lo que la otra intenta con engaño semejante? ¡Que estoy loco!
Ventura	Por las señas del bolsillo y los cordones en derecho suyo alegan cada cual valientemente. ¡Bercebú que caiga en ellas!
Melchor	¡Que dos mujeres tapadas

| | hacer con los mantos puedan
tan sutil trasformación! |
|---|---|
| Ventura | Son pandillas encubiertas. |

(Sale doña Magdalena, a una ventana.)

| Ventura | Pero una cara se asoma
por los claros de esa reja;
que aquella brizna de Luna
sirve de perro de muestra. |
|---|---|
| Melchor | Dices bien. |
| Magdalena | ¿Es don Melchor? |
| Melchor | ¿Sois vos, mi enlutada bella? |
| Magdalena | Bajad la voz y acercaos,
que estamos en casa ajena. |
| Melchor | ¿Cuándo he yo de merecer
ver ese cielo de cerca?
Que para mí el mismo efeto
hace el manto que una ausencia. |
| Magdalena | Cuando menos enojada
esté yo, y más satisfecha
de que vos no ocasionáis
disfrazadas competencias.
Yo sé bien que conocistes
a quien me ofende. |
| Melchor | Estad cierta |

                que a conocerla o amarla,
                ni ella lo que no es fingiera,
                ni yo os burlara.

Magdalena   ¿Es hermosa?

Melchor   Dudo yo de que lo sea
                      quien pretende acreditarse
                      vendiendo hermosura ajena.

Magdalena   Ahora bien, yo os doy perdón
                      como propongáis la enmienda.

Melchor   La enmienda supone culpa,
                      y yo nunca os hice ofensa.
                      Mas, mi bien, si al que perdona,
                      humilde la mano besa
                      el perdonado, no es justo
                      que yo este derecho pierda.
                      Honre ese cristal mis labios.

Magdalena   Está tan alta esta reja,
                      que no podréis alcanzarla.

Melchor   Para amor todo está cerca.
                      Venturilla, ah, mi Ventura.

Ventura   ¡Bueno, por Dios! ¿Me requiebras?
                      Más barbón soy que un peraile.

Melchor   Ponte aquí debajo. Llega.

Ventura   ¡Arre allá! ¿Qué diablos dices?

Melchor   Para que la mano pueda
                   alcanzar de un serafín,
                   sé Atlante de mi firmeza.
                   Tus espaldas me sublimen.

Ventura   ¡Mal año! Busca una yegua
                   o el banco de un herrador;
                   que soy macho y no eres hembra.

Melchor   Hazme esta merced, que así
                   quiero llamarla.

Ventura   Dijeras
                   servicio, que agora hay hartos
                   que a todo Madrid inciensan.

Melchor   Enojaréme contigo.

Ventura   ¿Yo debajo de ti? ¡Afuera!
                   ¡Ni aun de burlas, vive Dios!
                   Echa esa carga a otra bestia.

Melchor   ¿Si este vestido te doy?

Ventura   Extrañamente me aprietas.
                   Por esta vez, vaya.

Melchor   Ponte.

Ventura   Acabemos, sube y besa,
                   que ya estoy en cuatro pies.

(Don Melchor sube encima de las espaldas de Ventura.)

                            Mas si luego no te apeas,
                            advierte que se enhermanan
                            los mulos de aquesta recua.

Melchor   ¡Ay hermosa mano mía,
                            qué amorosa, dulce y tierna
                            alimentáis mi esperanza!

(Ventura habla bajo a su amo.)

Ventura   ¡Ay, pelmazo, y cómo pesas!

Melchor   ¡Qué de ello debo a esta mano!

Magdalena   Presto, llamándola vuestra,
                            presos al yugo de amor,
                            no habrá quien el nuestro ofenda.

Melchor   ¡Qué suave para mí,
                            será su carga ligera!

Ventura (Aparte.)   (Como para mí pesada
                            la mía.)
(Bajo a su amo.)   Costal de arena,
                            acaba con Satanás;
                            que pesas más que una deuda
                            y estoy, sin ser corcovado,
                            como salchichón en prensa.

Melchor   ¡Mi cielo, mi luz, mi gloria!

Magdalena   ¡Mi dueño, mi bien, mi prenda!

Ventura (Aparte.)   (¡Mi rollo, mi pesadilla!

¡Cuerpo de Dios con la flema!
Chicolíos a mi costa.)

(Déjase caer, y baja don Melchor.)

Melchor			¡Ah borracho!

Ventura			No te apeas,
y soy mula de alquiler
que cuando la cansan, se echa.

Melchor			¡Vive Dios! Si no mirara...

Ventura			Mira o no mires, a cuestas
con seis quintales de plomo,
no hay espaldas ni paciencia.

Magdalena		Ahora bien, don Melchor mío,
puesto que el dejaros sienta
como la vida, no es justo
que os engañe mas, ni ofenda.
Mañana me parto a Italia;
que obligaciones molestas
de quien, con pensión de un primo,
me ha nombrado su heredera,
me mandan casar con él;
y la vejez me atormenta
de un tío, que riguroso
añade prisas a penas.
Hoy por vos me he detenido;
mañana a Italia me llevan.
¡Ay! ¿Quién memorias dejara
del modo que el alma os deja?
Mas, pues esto no es posible,

y de doña Magdalena,
a quien quiero como a mí,
sé que os adora, quisiera
pagar las obligaciones
de su amistad y nobleza,
y no tengo, sino es vos,
quien me saque de esta deuda.
Ella os ama; vos sois pobre;
su calidad y riqueza
es igual a su hermosura;
que os persuada me ruega.
Para esto vine a su casa.
No habrá consuelo que pueda
oponerse a mis pesares,
como el ver que me suceda
tal amiga en tal amante.
Pagad noble su firmeza,
y haced cortés lo que os pido,
por ser la cosa postrera.

Melchor   Si eso es cierto, ausente mía,
y mis desdichas ordenan
que para afligir memorias,
hoy os gane, y hoy os pierda,
aunque lo que me mandáis
tan pesado me parezca
como el morir, pues con vos
la misma hermosura es fea;
porque sepáis los quilates
de mi amor, y en lo que precia
las leyes de vuestro gusto
el valor de mi obediencia;
digo —¡ay Dios, y qué forzado!—
digo, en fin, que os doy promesa

	de hacer lo que me mandáis aunque sé por cosa cierta que el casarme y el morir será todo uno. Mas muera en su yugo aborrecible quien perdió vuestra belleza.
Magdalena	¡Espejo de amantes sois! Esperad, y llamaréla; que os habéis de dar las manos, siendo el tálamo esta reja. ¿No gustáis vos de esto?
Melchor	¿Yo? ¿Qué gusto queréis que tenga, si por el vuestro me rijo?
Magdalena	No la habléis con aspereza decidla muchos regalos.
Melchor	Podrá fingirlos la lengua; pero el alma, es imposible.
Magdalena	¿Y qué? ¿Os casaréis con ella?
Melchor	Digo, señora, que sí.
Magdalena	¡Ah traidor! ¡Y quién tuviera fe en voluntades de vidrio que al primer golpe se quiebran! En fin, habéis confesado al primer trato de cuerda que basta a haceros mudable, con ser fingida, una ausencia.

	Quedaos para poco firme;
	que yo haré elección mas cuerda
	de quien mi firmeza iguale.
Melchor	Mi bien, mi luz, mi condesa,
	no os vais, esperad, oídme.
Magdalena	¿Qué queréis?
Melchor	Que no os ofenda
	lo que imaginaba yo
	que con vos de estima fuera.
	Si vos me mandáis casar
	con quien sé yo que estáis cierta
	que por vos he aborrecido;
	y puede mas la obediencia
	de vuestra ley que mi gusto;
	¿será razón que merezca,
	cuando esperaba alabanzas,
	tan mal pagadas finezas?
	¿No me lo mandasteis vos?
Magdalena	¿Quién mandó jamás de veras,
	aunque se fuese a las Indias,
	a su amante que a otra quiera?
	Esperaba excusas yo
	que mis ruegos convencieran,
	y a amaros más me obligaran,
	pintándome faltas de ella.
	Creí oíros decir
	que era fría, que era necia,
	y que os mandara dar muerte,
	antes que casar con ella.
(Aparte.)	(¡Qué esté yo de mí celosa,

       y en cuanto soy la condesa,
       me pese que don Melchor
       ser mi esposo me prometa!
       Extraña condición tengo!)

Melchor   No haya más, mi airada bella.
       Si os ofendí, perdón pido;
       pare en paz esta pendencia.
       Yo os juro por la hermosura
       que en vos mi amor considera;
       que no hay monstruo para mí,
       como doña Magdalena.
       Si aunque a Nápoles os vais,
       y aunque más oro me dieran
       que en las entrañas del mundo
       los rayos del Sol engendran,
       pusiera en ella los ojos...

(Doña Magdalena habla con distinta voz, fingiendo que es doña Magdalena que llega.)

       ¿Qué es esto?

(Responde con la voz que primero.)

           ¡Oh amiga! Llega;
       que aquí está tu don Melchor
       haciéndote mil ofensas.
       Averígualas con él,
       ya que llegaste a entenderlas;
       que yo me voy a dormir
       para que mañana pueda
       madrugar a mi jornada.

(Retírase, y vuelve un momento después, para aparentar que se va la Condesa y se queda doña Magdalena.)

>Quien habla mal en ausencia
>de mujeres principales
>sin llegar a merecerlas,
>en fe de poco cortés
>cual vos, bien será que pierda
>como el crédito conmigo,
>el amor de la condesa.
>Sois muy limitado vos
>de entendimiento, y es fuerza
>que no alcancéis lo que valen
>los quilates de mis prendas.
>Mal juzgará de colores
>un ciego, ni de bellezas
>el montañés, que templado
>está al gusto de una sierra.
>Las de León os sazonen
>el vuestro; que en esta tierra,
>hilando amor tan delgado,
>no alcanzáis sus sutilezas.

(Vase, y cierra la ventana.)

Ventura
>¡Ventanazo, vive Cristo!
>Y pullas a pares echan,
>sin decirnos: «Agua va».
>¡Bercebú que las entienda!
>Alto a casa, y quedensé
>ambas a dos para hembras.

Melchor
>¡Hay sucesos semejantes!

(Salen don Alonso, don Luis, don Jerónimo, don Sebastián, y criados, con luces.)

Alonso
¿En la calle a Magdalena
que hablaba un hombre, me dices?

Jerónimo
Esto es verdad.

(A su amo.)

Ventura
            Falsas puertas
abren; acojámonos,
si no quieres que nos muelan.

Sebastián
Aquí se están todavía.

Alonso
Éste es don Melchor.

Jerónimo
              Pues muera.

Ventura
Cogido nos han la calle.
Quiera Dios que por bien sea.

(A don Melchor.)

Alonso
¿Qué ocasión puede moveros
si no es locura, a que venga
a hablar por rejas de noche
quien de día ser pudiera
señor de esta casa misma,
si no es que afrentar intenta
a quien ronda como a dama
quien de ser su esposo deja?

Melchor	¿Yo? Engañáisos si pensáis que por doña Magdalena rondo calles y ventanas.
Alonso	Pues ¿por quién?
Melchor	Por la condesa, que es mi esposa, y me mandó que aquesta noche viniera, y agora de aquí se aparta, y en vuestra casa se hospeda.
Alonso	¿Condesa en mi casa?
Melchor	Sí.
Jerónimo	¿Hay locura como aquesta?
Melchor	Pues ¿podréislo vos negar, si en esta ventana mesma acaba de hablarme agora?
Alonso	No excusaréis con quimeras el agravio que a mi honor habéis hecho.
Ventura	Espadas quedas, que mi amo dice verdad, a pagar de mi honra; y sepan que no ha una hora que le dio de esposa la mano tierna la condesa del bolsillo, y yo serví de banqueta porque mejor se alcanzasen

	estas bodas zapateras.
Alonso	¡Cielos! ¿Condesa en mi casa?

(Sale doña Ángela.)

Ángela	Sí, señores, yo soy esa, que con el favor de un manto, antiyer fingí encubierta lo que no soy, agradada del término y gentileza de don Melchor. Esta noche le he dado por estas rejas mano de esposa.
Sebastián	¿Qué dices?
Ángela	Que no es razón que obedezca, si es libre mi voluntad, las bodas que tú conciertas.
Melchor	¡Ay señora de mis ojos! No en balde el alma discreta, sin veros, hizo elección de tan celestial presencia. Vos sois mi querida esposa.
Sebastián	Primero que tal consienta...

(Sale doña Magdalena, Quiñones, y Santillana.)

Magdalena	Doña Ángela os ha engañado, por más que usurparme quiera el derecho de mi amor

porque yo soy la condesa,
si en el título fingida
en la sustancia de veras,
a quien don Melchor adora,
y vos quien hoy encubierta
pretendisteis engañarle,
hurtándome el nombre y señas
y para confirmación
de esto, los testigos sean
estas trenzas y bolsillo,
aqueste escudero y dueña.

Santillana Ésta es la pura verdad
sin jota de agua. Estafeta
he sido de estos despachos.

Quiñones Doña Ángela, en vano intentas
lo que los cielos estorban.

Magdalena Y para última certeza,
esta mano os desengañe,
pues fue, idolatrando en ella,
principio de vuestro amor.

Melchor Conózcola, y con vergüenza
en ella sello mis labios.

Ventura Acabemos pues, y tengan
fin alegre estos desvelos.

Alonso Don Sebastián, pues lo ordena
el cielo ansí, ¿qué remedio?

Sebastián Tener envidia y paciencia...

Luis	Ya que yo no merecí ser su esposo, pues se emplea en mi primo, consolado con vos, mis amores cesan.
Sebastián	Don Jerónimo ha de ser, Ángela, tu esposo.
Ángela	Sea, pues no puede don Melchor.
Santillana	Y Santillana se queda por escudero de casa.
Ventura	Quiñones, tus tocas vengan a ser manteles de boda pondráte mi amor la mesa.
Melchor	Daréos los dos mil escudos, si os casáis.
Quiñones	¡Enhorabuen!
Ventura	Sacaréte de pecado cuando te saque de dueña.
Magdalena	Ya, señores, no seré la celosa de mí mesma.
Melchor	Ni Tirso estará quejoso, si os agrada esta comedia

Fin de la comedia

Libros a la carta
A la carta es un servicio especializado para
empresas,
librerías,
bibliotecas,
editoriales
y centros de enseñanza;
y permite confeccionar libros que, por su formato y concepción, sirven a los propósitos más específicos de estas instituciones.
Las empresas nos encargan ediciones personalizadas para marketing editorial o para regalos institucionales. Y los interesados solicitan, a título personal, ediciones antiguas, o no disponibles en el mercado; y las acompañan con notas y comentarios críticos.
Las ediciones tienen como apoyo un libro de estilo con todo tipo de referencias sobre los criterios de tratamiento tipográfico aplicados a nuestros libros que puede ser consultado en Linkgua-ediciones.com .
Linkgua edita por encargo diferentes versiones de una misma obra con distintos tratamientos ortotipográficos (actualizaciones de carácter divulgativo de un clásico, o versiones estrictamente fieles a la edición original de referencia).
Este servicio de ediciones a la carta le permitirá, si usted se dedica a la enseñanza, tener una forma de hacer pública su interpretación de un texto y, sobre una versión digitalizada «base», usted podrá introducir interpretaciones del texto fuente. Es un tópico que los profesores denuncien en clase los desmanes de una edición, o vayan comentando errores de interpretación de un texto y esta es una solución útil a esa necesidad del mundo académico.
Asimismo publicamos de manera sistemática, en un mismo catálogo, tesis doctorales y actas de congresos académicos, que son distribuidas a través de nuestra Web.
El servicio de «libros a la carta» funciona de dos formas.
1. Tenemos un fondo de libros digitalizados que usted puede personalizar en tiradas de al menos cinco ejemplares. Estas personalizaciones pueden ser de todo tipo: añadir notas de clase para uso de un grupo de estudiantes,

introducir logos corporativos para uso con fines de marketing empresarial, etc. etc.
2. Buscamos libros descatalogados de otras editoriales y los reeditamos en tiradas cortas a petición de un cliente.

www.ingramcontent.com/pod-product-compliance
Lightning Source LLC
LaVergne TN
LVHW041336080426
835512LV00006B/487